Karl Kreuser

Der Hirtenkönig

Sicher führen in
unsicheren Situationen

© SOKRATeam, Unterföhring, 2018

Dr. Karl Kreuser

www.sokrateam.de

Alle Rechte vorbehalten.

Das Werk einschließlich aller seiner Teile ist urheberrechtlich geschützt. Jede Verwertung außerhalb der engen Grenzen des Urheberrechtsgesetzes ist ohne Zustimmung von SOKRATeam unzulässig und strafbar. Dies gilt insbesondere für Vervielfältigungen, Übersetzungen, Mikroverfilmungen und die Einspeicherung und Verarbeitung in elektronischen Systemen.

ISBN: 978-1-7287-8252-2

Bibliografische Information der Deutschen Nationalbibliothek

Die Deutsche Nationalbibliothek verzeichnet diese Publikation in der Deutschen Nationalbibliografie; detaillierte bibliografische Daten sind im Internet über http://dnb.dnb.de abrufbar.

Führung darf nicht stehen bleiben. Die Geschichten vom Hirtenkönig behandeln auf amüsante Art dieses ernsthafte und nicht immer einfache Thema.

Die Bildergeschichten sind voll von Anspielungen auf Theorien und die Menschen, die diese entworfen haben. Das ist Absicht und kein Zufall. So soll die Abhandlung vom Hirtenkönig als Einstieg in so manche Diskussion dienen.

Die Theorien sind in der „Behauptung einer normativen Führungsethik" sowie „Eine Theorie des agilen Unternehmens" beschrieben. Alle drei Bücher bringen das Gleiche zum Ausdruck, jedes nur auf eine andere Weise: Sicher führen in unsicheren Situationen.

So leicht der Hirtenkönig erscheinen mag, auch er verfolgt nur eine Absicht: Das eigene Denken und Reflektieren anzuregen, um so in neue Dimensionen vorzudringen und dabei sicher zu führen.

Inhalt

1. Der Hirtenkönig 1
2. Der Bergführer... 5
3. Der Feuerwehrmann 8
4. Die Entscheidung 11
5. Die Versammlung 15
6. Der Aufbruch 19
7. Der Brillenmacher 24
8. Die Kompetenzbrille 28
9. Der Hütehund 34
10. Vom Führen 37
11. Rechthaberei 40
12. Die Werkzeugkisten....................................... 44
13. Am Fußballplatz.. 47
14. Vom sicheren Führen 50
15. Der starke Held 54
16. Die herrliche Aussicht 57
17. Monolog des Hütehundes 61
18. Verrückte Begegnungen 64
19. Die Ressource der Hilflosigkeit 68
20. Das Gespenst VUCA 71
21. Standortbestimmung 76
22. Der Motivationszirkus 79
23. Die gläserne Brücke 84
24. Am Fischteich 88
25. Der einsame Pinguin 91
26. Der zweite Gipfel 93
27. Im neuen Land... 95

1. Der Hirtenkönig

Es war einmal ein Hirtenkönig mit seiner Schafherde. Man erkannte ihn auf den ersten Blick, weil er eine wunderschöne Krone trug. Jeden Werktag führte der Hirtenkönig seine Herde auf die Weide und kümmerte sich darum, dass alle Schafe genug fraßen und tranken, damit sie schöne Wolle lieferten und es allen gut erging. An den Wochenenden erholten sich der Hirtenkönig und seine Schafe von der strapazierenden Weidearbeit. Den Hirtenkönig strengte das aktive Führen und Kümmern gelegentlich sehr an, mehr als das passive Geführtwerden den Schafen zusetzte. Und wenn es ganz schlimm wurde, machten sie eine Teamentwicklung.

Alle um den Hirtenkönig herum glaubten daran und sagten es ihm auch immer wieder, dass er als Hirtenkönig für das Wohlergehen seiner Schafe verantwortlich

sei und auch für die Wolle, die diese lieferten. Stets riefen sie ihm zu: „führe, führe!" Alle Menschen dachten so und auch der Hirtenkaiser und Berater oder andere Märchenerzähler, die gelegentlich vorbei kamen. So glaubte auch der Hirtenkönig fest daran, dass es so gut sei und handelte danach, auch wenn es manchmal anstrengend war und die Schafe sich nicht immer so gut führen ließen. Wenn ein Schaf einmal lahmte oder seine Wolle nicht abgeben wollte, wurde es zusätzlich motiviert.

Und auch sein Führungsgehilfe, der Hütehund, den die Schafe Teamleiter nannten, dachte und handelte so.

Und wenn die Schafe Not litten oder unmotiviert waren oder sonst etwas brauchten, riefen sie nach dem Hirtenkönig und seinem Hütehund und verlangten danach,

weil sie sonst keine gute Wolle mehr liefern könnten oder wollten. Und der Hirtenkönig und sein Teamleiter machten und motivierten, weil es ja ihre Aufgabe war, zu machen und zu motivieren.

Manchmal erzählten sie sich lustige Märchen von einem fernen Land hinter den Bergen. Auch wenn es kaum vorstellbar war, gab es dort keine Schafe und deshalb brauchte man in diesem wundersamen Land auch keine Hirtenkönige und Hütehunde. Trotzdem ging es allen, die dort lebten, gut. Wie seltsam, dachte manches Schaf, das die Geschichte hörte: Jeder konnte auch ohne Hirtenkönig samt Hütehund sehr gut für sich selbst sorgen, Weiden finden, fressen, trinken und schöne Wolle machen.

Wenn es in diesem Land Aufgaben gab, bei denen sie zusammenarbeiten mussten, brauchten sie auch jemanden, der sagte, was zu tun sei und der führte. Komischerweise – spätestens da begann die Geschichte, mysteriös zu werden – konnte niemand auf den ersten Blick sagen, wer führte. In solchen Momenten dachte der Hirtenkönig sehnsüchtig daran, dass die wunderschöne Krone manchmal doch sehr drückte.

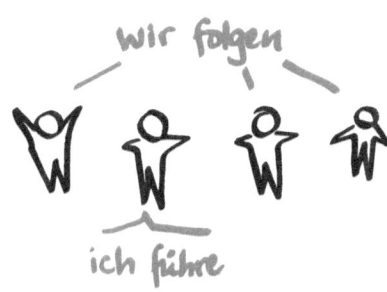

Erst wenn zwei Sätze fielen, die immer zusammen ausgesprochen wurden, konnte man erkennen, wer führte. Dabei waren alle aktiv und unterschieden passives Geführtwerden (das kannte der Hirtenkönig und sein Gefolge) von aktivem Folgen (was die Schafe unglaublich ungehörig fanden, selbst wenn sie sich immer wieder mehr Augenhöhe mit dem Hirtenkönig wünschten). Führung war dort eine gemeinsame Aufgabe aller und kein Konsumprodukt, das Führende herstellen und Geführte verbrauchen (beim Hirtenkönig rief es ein wenig Angst und Unsicherheit hervor, so etwas zu denken). Ein lustiges Märchen eben…

Deshalb verstand der Hirtenkönig auch die Worte eines fahrenden Sängers und Beraters nicht, der das so erklärte:

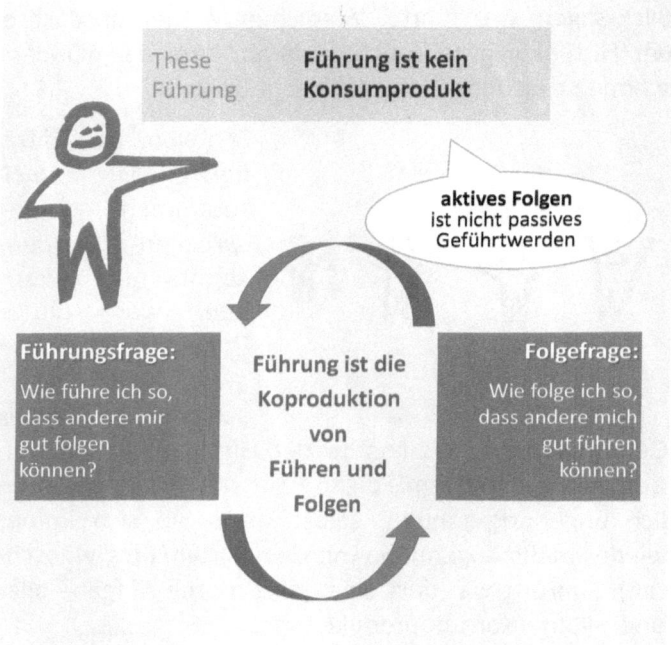

Als der Berater dann noch nebenbei erwähnte, mit vielen anderen Dingen (etwa auch mit Motivation) verhalte es sich ebenso, erkannte der Hirtenkönig endgültig, dass dieser fahrende Sänger ein bedauernswerter Phantast sein musste.

Und wenn sie nicht gestorben sind, machen und motivieren sie noch heute in ihrem Wechselspiel aus aktivem Führen und passivem Geführtwerden.

2. Der Bergführer

Immer öfter, wenn der Hirtenkönig das fabelhafte Märchen hörte, wurde er nachdenklich. Voller Sehnsucht dachte er daran, wie schön es wäre, wenn die Krone nicht mehr so drücken würde und die Arbeit nicht so anstrengend sei. „Morgen", sagte er sich vor dem Einschlafen, „morgen mache ich mich auf den Weg". Doch die tägliche Weidearbeit ließ ihm keine Zeit, sich darum zu kümmern.

Eines Abends, als die Schafe mal wieder sehr bockig waren, suchte er den Bergführer auf, den alle Sepp nannten. „Leite uns über das Gebirge!", bat er ihn. Langsam blickte der Sepp auf und lächelte: „Ich habe mir schon gedacht, dass Du eines Tages kommen wirst, so bald habe ich Dich jedoch nicht erwartet."

„Führst Du uns in das Land hinter den Bergen?" fragte der Hirtenkönig mit sehnsüchtigem Blick. Der Sepp schüttelte den Kopf. „Nein" sagte er freundlich. „Ich bin Bergführer und kein Zauberer und Du wirst Zauberei von mir verlangen, wenn wir auf dem Weg sind."

Er entfaltete eine abgegriffene, handgemalte Landkarte. „Schau, wir müssten zwei hohe Gipfel überwinden, steile Hänge bewältigen und durch ein finsteres Tal wandern, in dem das Gespenst VUCA haust.

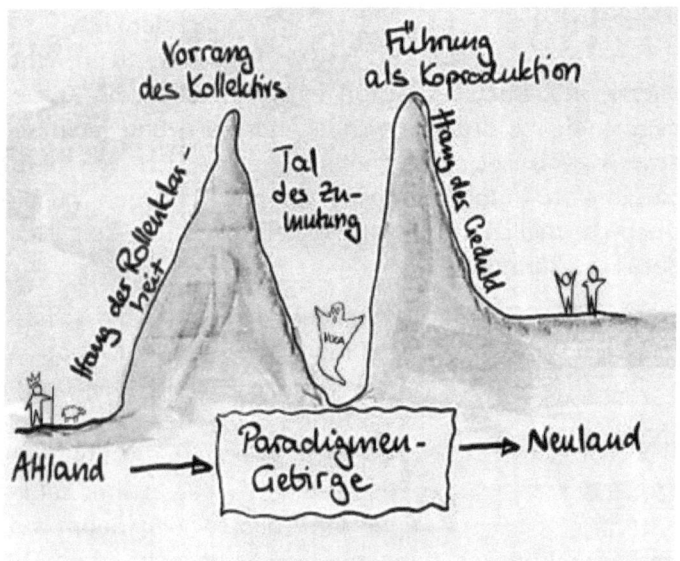

Eure Sehnsucht nach dem neuen Land wird in Angst, Ärger und Unsicherheit umschlagen. Ihr werdet zweifeln und manche werden umkehren wollen. Du musst den Weg selbst gehen und wirst von mir verlangen, dass ich an Deiner Stelle gehe. Und Ihr werdet mir die Schuld für alles geben. Das will ich mir nicht antun."

Der Hirtenkönig wurde sehr traurig, als er den Sepp so sprechen hörte. Gerade wollte er sich verabschieden, um zu seiner Herde zurückzukehren. Da sprach der Sepp: „Du bist genervt von Deinen Schafen, die sich manchmal nicht so gut führen lassen. Du hast das tägliche Machen und Motivieren satt." Der König nickte ertappt und niedergeschlagen. „Du willst da raus, egal wohin, es soll nur besser werden. Komme wieder, wenn Du wirklich weißt, wo Du genau hin willst! Es reicht nicht, weg von etwas zu wollen. Es kommt darauf an, hin zu einem bestimmtem Anderen zu streben."

Damit verstummte der Sepp und ging in seine Hütte. Der König kehrte gedankenvoll zu seiner Herde und dem Hütehund zurück und machte und motivierte weiter, wie er es gewohnt war. Jedoch etwas nachdenklicher als zuvor.

3. Der Feuerwehrmann

Die Worte des Bergführers gingen dem Hirtenkönig nicht mehr aus dem Kopf. Immer wieder ertappte er sich während der Weidearbeit dabei, dass er darüber sinnierte. Besonders dann, wenn der Hütehund und die Schafe mal wieder unmotiviert waren und so viel von ihm verlangten.

Da trat der Feuerwehrmann zu ihm und sprach: „Du, Hirtenkönig, ich habe gehört, dass Du in ein Land aufbrechen willst, in dem ganz komisch geführt wird, wenn überhaupt. Stimmt das?"

Verwundert blickte der Hirtenkönig ihn an und bestätigte nickend.

„Ich gebe Dir einen guten Rat", sprach der Feuerwehrmann. „Glaube dem Bergführer kein Wort. Der ist ein Phantast und Scharlatan, der immer nur so weise tut. Das Land, von dem Du träumst, gibt es nämlich gar nicht. Wie willst Du eine Herde führen und Wolle machen, wenn es keine Hierarchie, keine klaren Anweisungen gibt? Glaubst Du wirklich, das funktioniert?"

Die Schafe und der Hütehund horchten auf. Besonders das Schaf Franziska, das Franzi gerufen wurde, lauschte dankbar und zufrieden den Worten des Feuerwehrmanns. Wie er ihr doch aus der Seele sprach. Hoffentlich konnte er den Hirtenkönig von seinen wirren Gedanken abbringen. Es ist doch alles gut, wie es ist, und wenn feststeht, wer hier das Sagen hat.

Der Feuerwehrmann fuhr fort: „Ich kann Dir eins sagen, wenn wir bei der Arbeit sind, wenn es brennt, dann funktioniert das nur, weil unser Hauptmann klare Befehle gibt, die wir dann ohne weiteres Nachdenken befolgen. Wir können das Feuer nicht mit Diskussionen löschen. Wenn nicht klar geführt wird, dann entsteht Chaos. Verständnis und Empathie kosten da nur Zeit und führen zu nichts."

Von fern ertönte eine Sirene. Der Feuerwehrmann rief „Feurio!" und rannte davon.

Das Schaf Sophie, das alles gehört und gesehen hatte, konnte seine Enttäuschung kaum verbergen. Es wurde richtig traurig bei dem Gedanken, dass es dieses Land nicht geben sollte. Wie schön wäre etwas mehr Augenhöhe mit dem Hirtenkönig samt Hütehund. Nach den Teamentwicklungen geht es uns doch auch allen immer sehr gut.

Nachts im Stall diskutierten Franzi und Sophie noch bis in den frühen Morgen, ob der Feuerwehrmann Recht hatte. Sie googelten sogar, doch das Einzige, das sie im wikipedischen Opensourcewissen über Hierarchie und Augenhöhe fanden[1], war eine verwirrende Grafik.

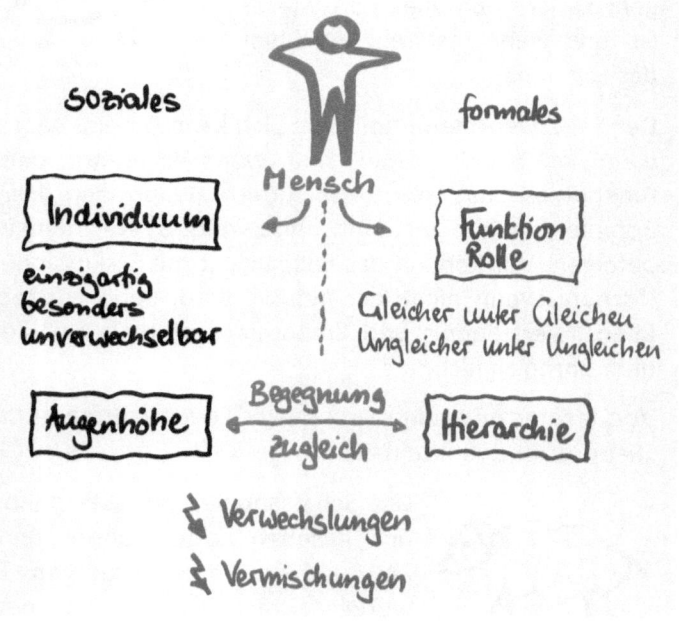

Der Hirtenkönig aber schlief in dieser Nacht nicht so gut.

[1] Sie suchten bei www.sokrateam.de

4. Die Entscheidung

Immer wieder kam es unter den Schafen zu Diskussionen, ob es dieses Land hinter den Bergen nun gab oder nicht. Der Hirtenkönig beobachtete, dass es in seiner Herde glühende Verfechter dieser Idee gab, ebenso aber auch vehemente Gegner, die immer wieder den Feuerwehrmann zitierten. Einem Großteil der Schafe war es scheinbar egal, sie beteiligten sich kaum an den Debatten und fraßen still ihr Gras. Auch mit dem Hütehund konnte man nicht so gut darüber sprechen.

Ähnlich erging es dem Hirtenkönig, wenn er die gängigen Schäferzeitschriften las. Dort gab es verherrlichende Schilderungen dieses fernen Landes, wie wenn es Schlaraffenland und El Dorado zugleich wären. Es gab aber auch ausführliche Schilderungen des Gespenstes VUCA. Glaubte man diesen Berichten, stand das totale Chaos kurz bevor. Bemerkenswert war, dass das Gespenst VUCA meist beschworen wurde, um eine kostenpflichtige Lösung anzupreisen, die Erlösung versprach. Auch der Feuerwehrmann trat gelegentlich als Autor auf und behauptete, es ginge nur so, wie es bisher war.

Dem Hirtenkönig wurde zunehmend bewusst, dass er eine Entscheidung treffen musste, um wieder Frieden in seinem Denken und Fühlen zu finden.  Weder die Herde samt Hütehund, noch die Schäferpresse waren dazu hilfreich. Er erinnerte sich an die Worte des Bergführers Sepp: „Komme wieder, wenn Du wirklich weißt, wo du genau hin willst". Unruhig spürte er die zwei Seelen in seiner Brust, die wie Engel und Teufel miteinander rangen.

„Es passt doch alles", flüsterte der Teufel, „ihr habt genug Weideland und Wasser, einen geregelten Weidebetrieb mit Wochenende, der Hütehund funktioniert einigermaßen und es gibt immer ausreichend Wolle. Willst du das alles aufs Spiel setzen, unnötig Unruhe reinbringen? Und denk an den Aufwand, den du betreiben musst, denk an die steilen Hänge, die rauen Gipfel und das finstere Tal, in dem das Gespenst VUCA haust. Bis zu deiner Pensionierung wird das doch noch so reichen. Sollen sich deine Nachfolger damit befassen".

 Der Engel entgegnete: „Sicher hast du es gut hier. Sicher bedeutet jede Veränderung Aufwand und Mühe. Sicher ist im Land hinter den Bergen nicht alles Gold, was glänzt. Aber bedenke, was du dort gewinnen wirst. Es ist ein lohnendes Ziel, das deiner Herde mehr Perspektive und Zukunft gibt, als hier zu bleiben.

Der Hirtenkönig schlief zu dieser Zeit sehr unruhig. Ihm war inzwischen klar, dass er sich entscheiden musste. Beide Alternativen hatten ihr Gutes. Jede Entscheidung „für das Eine" ist zugleich eine Entscheidung „gegen das Andere". Das Entscheiden „für das Gute im Einen" war nicht das Problem. Der Hirtenkönig verzagte, wenn er daran dachte, sich „gegen das Gute im Anderen" festzulegen und für seine Entscheidung und alle ihre Folgen dann gerade zu stehen. Angst machte ihm der Gedanke, den Schafen in die Augen zu blicken und seine Entscheidung klar mitzuteilen.

Da erschien ihm im Traum ein fahrender Sänger, der ein Lied mit einem seltsamen Text anstimmte:

„Wir dürfen ‚nicht einfach in Untätigkeit verharren, wenn wir sehen, wie wir nie zu einem endgültig letzten Standpunkt gelangen. Vielmehr: Gerade, weil wir uns erinnern, dass alle Standpunkte unvollständig sind, können wir wieder Stellung beziehen und uns kritisierbar machen[2]'"

„Schluss!" dachte der Hirtenkönig im Gewirr der Diskussionen zwischen Schafen, Hütehund, Artikelschreibern, dem Engel und dem Teufel. „Schluss! Ich will Verantwortung für meine Herde übernehmen, auch über meine Pensionierung hinaus. Ich will Zukunft sichern und Perspektiven bieten. Ich will den günstigen Mo-

---

[2] Matthias Varga von Kibéd, Insa Sparrer (2009). Ganz im Gegenteil, Heidelberg, S. 90 f.

ment nutzen, jetzt, wo es uns allen gut geht. Ich will nicht abwarten, bis die Umstände uns zu Handlungen zwingen. Jetzt ist der Augenblick der Kraft. Ob es gut oder schlecht ist, können wir erst dann sagen, wenn wir es redlich ausprobiert haben. Wir wollen unseren eigenen Weg finden und gehen und uns nicht bange machen lassen!"

Auf einmal spürte der Hirtenkönig eine ungewöhnliche Kraft und Zuversicht in sich. Ihm war klar, was zu tun war: Ich werde mit meiner Herde sprechen. Und nun ist der Moment gekommen, den Bergführer erneut aufzusuchen.

5. Die Versammlung

„Du schon wieder" sprach der Bergführer Sepp, als der Hirtenkönig vor ihm stand. „Ja", antwortete der Hirtenkönig, „und ich will alles tun, um meiner Herde eine gute Zukunft zu sichern. Dazu werden wir in das Land hinter den Bergen aufbrechen. Wir werden Aufwand und Mühen in Kauf nehmen, denn das Ziel lohnt sich. Wenn Du uns nicht über die Berge leitest, gehen wir trotzdem. Wir schaffen das!"

„Du solltest mit deinen Schafen und dem Hütehund sprechen. Rechne erst mal nicht mit allzu viel Zustimmung und Begeisterung. Deine Herde wird dir zeigen, dass sie ganz normal tickt und anfängliche Ablehnung und Irritation sind ganz normal. Du solltest dir erst dann Sorgen machen, wenn alle gleich in Euphorie verfallen. Lass dich davon nicht abbringen", führte der Sepp aus. „Ich werde euch über das Gebirge führen. Morgen schon werden wir aufbrechen. Seid zum Tagesanbruch am oberen Ende des Dorfes!"

Der Hirtenkönig kehrte zu seiner Herde zurück. Er bat den Hütehund, alle Schafe zu einer Versammlung zu rufen. Neugierig versammelte sich die Herde um den Hirtenkönig. Es war selten, dass er eine Ansprache hielt. Was es wohl gab?

Noch etwas unsicher erhob der Hirtenkönig seine Stimme. „Es geht uns allen gut. Wir haben genügend Weiden und Wasser und wir machen schöne Wolle. Ich will, dass das auch zukünftig so bleibt. Wenn wir nichts ändern, werden fremdländische Wollkonzerne uns aufkaufen oder von unseren Weiden verdrängen. Ich will aber auch, dass wir anders, mehr auf Augenhöhe, zusammenarbeiten. Wir werden gemeinsam entscheiden und Verantwortung für unser Wohlergehen und unseren Erfolg tragen. Deshalb werden wir bereits morgen aufbrechen in das Land hinter den Bergen. Der Sepp wird uns dorthin führen. Bei Sonnenaufgang geht es los…." Der Rest seiner Rede ging im Gemurmel der Schafe unter.

Das Schaf Franzi polterte spontan los: „So ein Quatsch. Das Land gibt es doch gar nicht, das sagt auch der Feuerwehrmann!".

Der Hirtenkönig hörte ruhig und aufmerksam zu. Er legte den Stab beiseite, nahm die Krone ab und setzte sich in den Kreis seiner Herde, um auf Augenhöhe zu sein. Er blickte die Schafe freundlich an und fragte: „Ja, gibt es noch andere Argumente, die dagegen sprechen?" Die Schafe riefen durcheinander: „Wir haben doch bisher immer schöne Wolle geliefert, reicht das nun nicht mehr aus?", „Hier ist es doch gut und warum sollen wir das aufgeben?", „Das mit den Wollkonzernen ist auch nur aufgebauschtes Bangemachen der Schäferpresse", „Der Weg ist anstrengend und gefährlich, warum sollen wir uns das antun?", „Alle anderen Herden bleiben doch auch hier, warum sollen grade wir in eine völlig unsichere Zukunft gehen?", „Wie soll das gehen, wenn wir gemeinsam entscheiden? Das wird nicht funktionieren." und so fort.

Als die Proteste abgeebbt waren, erwiderte der Hirtenkönig: „Ich kann alle Argumente verstehen, auch wenn ich nicht jedes teile. Ich will euch das Bevorstehende nicht schönreden. Ich sehe eure Bedenken und Befürchtungen, weil wir unsere bekannten Weiden verlassen und Neuland betreten, in dem sich keiner noch so richtig auskennt.

Es gibt nur eine vage Skizze. Wir können das tun, weil wir bisher erfolgreich waren und vieles richtig gemacht haben. Bewahrt diese Bedenken und Befürchtungen, denn sie sind wichtige Indikatoren, ob wir noch auf dem richtigen Weg sind. Wir werden unterwegs immer wieder darüber sprechen."

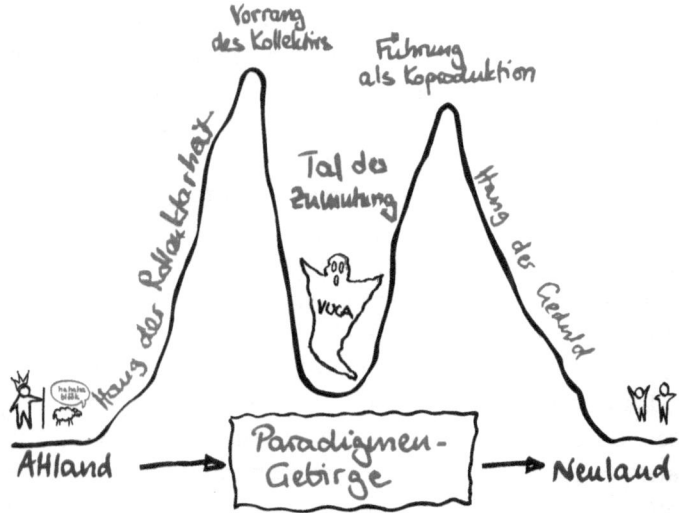

Nach einer kurzen Pause fuhr er mit ruhiger Stimme fort: „Wir haben uns jetzt damit beschäftigt, warum es nicht geht, welche Hindernisse bestehen, und das war wichtig. Lasst uns nun darüber nachdenken, wie wir es trotzdem – trotz Vielem, das dagegen spricht – schaffen können, welche Chancen und Ressourcen wir haben und was wir noch brauchen, um uns gut auf den Weg zu machen."

Sie diskutierten noch eine Weile. Am Ende hatte der Hirtenkönig den Eindruck, dass längst noch nicht alle Zweifel und Widerstände ausgeräumt waren. Das war nicht so schlimm. Wichtiger war für ihn, dass er und die Herde miteinander (und nicht gegeneinander oder aneinander vorbei) geredet haben. Das war eine gute Basis am Abend vor dem Aufbruch.

Er ging zu seinem Schäferwagen, um das nötigste zu packen. Seine wunderschöne Krone aber verstaute er sorgfältig. Er würde sie nicht mitnehmen. Sie war ziemlich schwer und drückte auch gelegentlich. In Land hinter den Bergen, wo es keine Hirtenkönige gab, würde er sie ohnehin nicht brauchen. Warum also Ballast mitschleppen? In dieser Nacht schlief er seit langem wieder tief und fest.

6. Der Aufbruch

Noch vor Tagesanbruch wachte der Hirte auf und begab sich gespannt zum vereinbarten Treffpunkt. Froh begrüßte der Bergführer Sepp ihn: Guten Morgen, Hirtenkönig!".

„Nur Hirte reicht, nicht König" antwortete der Hirte und deutete auf seine Krone, die er nicht mitgenommen hatte.

So nach und nach fand sich die Herde samt Hütehund am oberen Dorfrand ein. Manche Schafe plauderten fröhlich und aufgeregt, andere standen eher unzufrieden und verwirrt etwas abseits.  Der Bergführer richtete seine Worte an die Herde und erklärte die Tagesetappe und die wichtigsten Regeln für den gemeinsamen Marsch. Er gab das Signal zum Aufbruch und langsam setzten sich der Hirte, sein Hütehund und die Herde in Bewegung.

Als sie eine Weile gewandet waren, wurden die ersten Schafe hungrig und müde. Wie sie es gewohnt waren, riefen sie nach dem Hirten und seinem Hütehund und verlangten von ihnen, für sie zu machen und sie zu motivieren. In alter Gewohnheit wollte der Hütehund sofort machen und motivieren. Der Hirte jedoch rief ihn zurück.

Er versammelte die Herde um sich und sprach freundlich: Nein, wir werden nicht weiter machen und motivieren. Der Wegesrand ist üppig gesäumt von Gras und schmackhaften Kräutern. Der Sepp führt uns immer wieder an frischen Quellen vorbei. Wer von euch also Hunger oder Durst hat, soll sich einfach um sich selbst kümmern und nicht warten, bis wir – der Hütehund und ich – euch zum Weiden auffordern. Wenn ihr erschöpft und müde seid, dann geht selbst zum Sepp und bittet um eine Pause. Die Schafe murrten, als sie diese Worte hörten. „Zumutung!" rief Franzi. „Ja, das mute ich euch zu", sprach der Hirte.

„Wie kannst du die armen Schafe nur so leiden lassen?" fragt der Hütehund ihn, als sie einen Moment allein waren. Er war wirklich aufgebracht: „Es ist wirklich eine Zumutung und außerdem ist es doch mein Job, zu machen und zu motivieren." Der Hirte schwieg eine Weile und antwortete lächelnd: „Lass uns Selbstverantwortung nicht mit Quälerei verwechseln. Das eine sollten wir den

Schafen zumuten, ohne dass wir deshalb in das andere verfallen. Das abzuverlangen und uns damit ein Stück entbehrlich zu machen, müssen wir wiederum uns zumuten. Ich weiß, das ist nicht leicht."

Am frühen Abend war die erste Etappe erreicht, ein kleines Bergdorf. Dort führte der Sepp die Herde auf eine sichere Weide mit würzigem Almengras und einer erfrischenden Tränke. Die Schafe freuten sich, am Ziel zu sein und diese herrliche Weide vorzufinden. Sie fraßen und tranken nach Herzenslust und ruhten sich aus.

Wie fast jeden Abend verfielen Franzi und Sophie in lebhafte Diskussion. „Zuhause hätten wir ebenso eine schöne Weide gehabt, nur ganz ohne Anstrengung. Was soll also der ganze Aufwand? Es gibt kein vernünftiges Argument für das, was wir getan haben. Und außerdem hat der Hirtenkönig heute noch nicht einmal richtig geführt." begründete Franzi ihren Unmut. „Der Bergführer hat den Weg vorgegeben und dem Hütehund hat er verboten, zu machen und zu motivieren, wie es seine Aufgabe ist." Einige Schafe blökten zustimmend.

„Dieser Tag war doch irgendwie besonders", entgegnete Sophie, „hast du nicht bemerkt, dass der Hirte seine Krone nicht mitgenommen hat? Und wie er uns Eigenverantwortung übertragen hat? Das wäre zuhause nicht geschehen. Endlich wächst ein Miteinander auf Augenhöhe! Die ganzen Anstrengungen werden wir sicher bewältigen, solange wir nur zusammenhalten und jeder etwas zum Erfolg beiträgt – der Sepp, der Hütehund und der Hirte, aber auch jede von uns." Damit sprach sie so manchem Schaf aus dem Herzen, das zufrieden zuhörte, sich aber selbst nicht wagte, Franzi zu widersprechen. Womöglich hätte das Streit gegeben...

Nachdenklich verfolgte der Hirte die Diskussion und betrachtete jedes seiner Schafe. Da trat der Bergführer auf ihn zu. „Komm, wir wollen noch jemanden hier im Dorf besuchen!"

7. *Der Brillenmacher*

Der Sepp führte den Hirten eine Ringstraße entlang durch das Dorf. Vor einem seltsamen Haus mit blauen Streifen blieb er stehen. „Wir besuchen den Brillenmacher, der hier in der Gegend der weise Ion genannt wird. Aber sieh selbst." Damit klopfte er an die Tür.

Ein rüstiger Mann öffnete und grüßte freundlich: „Hallo Hirte, tritt ein. Für deine Reise über das unwirtliche Gebirge wirst du eine geeignete Brille gut brauchen können. Ich will dir eine schenken, komm herein und suche dir eine aus!"

Zögernd betrat der Hirte das Haus und sah eine bunte Vielfalt an Brillen, die alle rosa waren. Staunend durchschritt er das Lager und bewunderte die reiche Auslage. Es schien ihm fast unmöglich, eine Auswahl zu treffen, eine Brille schien schöner als die andere. Fast hatte er sich für eine der rosa Brillen entschieden, da fiel sein Blick in einen abgelegenen Winkel. Dort lag eine seltsame Brille. Ihre Gläser waren unterschiedlich geformt und auch die Bügel schienen nicht zusammen zu passen. Wie wenn ein ungeschickter Lehrling sich im Brillenhandwerk versucht hätte.

Ratlos und verunsichert blickte der Hirte den Bergführer und den Brillenmacher an. Der weise Ion kicherte und aus seinen Augen blitzte sein Vergnügen: „Du wunderst dich und fragst sicher, was das alles soll. Ich betreibe den Brillenladen nur zum Schein und alles hier ist Tand. Rosa Brillen sind keine Führungsinstrumente! Nur die komische Brille, die du entdeckt hast, macht Sinn." Diese Rede verwirrte den Hirten noch mehr.

„Komm, setz dich und trinke eine Tasse Tee mit mir, ich glaube, wir müssen uns etwas mehr Zeit nehmen", fuhr der Brillenmacher fort. Der Bergführer erbot einen schweigenden Gruß und ging zum Gasthaus, er mochte nach diesem Tag lieber in Ruhe ein Bier trinken. Der weise Ion und der Hirte setzten sich. Gespannt wartete der Hirte auf eine Erklärung für all diese seltsamen Dinge um ihn herum.

„Wenn du deine Herde über das Gebirge führen willst, über steile Schneefelder und schmale Grate, dann brauchst du einen sicheren Blick. Ein falscher Schritt kann zum Absturz führen.

Wenn du Menschen, Dinge, Sachverhalte, Situationen, Schafe, Hütehunde oder dich selbst betrachtest, brauchst du ebenfalls einen sicheren Blick. Kannst du mir folgen?" Der Hirte nickte stumm und wartete auf weitere Erklärungen.

„Gut, wie du immer wieder gesehen hast, kann man die Dinge aus mehreren Perspektiven betrachten. Jede Sichtweise zeigt Manches und verbirgt Anderes und jede Sichtweise hat aus ihrem Blickwinkel heraus Recht. Es gibt so viele Wahrheiten, wie es Sichtweisen gibt. Du hast das bemerkt, wie dein Engel und dein Teufel miteinander gerungen haben, du erkennst das in den allabendlichen Diskussionen von Franzi und Sophie oder in den Denkweisen des Feuerwehrmanns und des Hütehundes." Der Hirte glaubte, zu verstehen und nickte.

„Brillen sollen helfen, den Blick zu schärfen und Wesentliches zu erkennen. Deshalb bin ich Brillenmacher geworden. Die komische Brille im Laden habe ich selbst entworfen und gebaut. Ich nenne sie die Kompetenzbrille, auch wenn du noch nicht verstehst, was das bedeutet. Du kannst natürlich gern eine der rosa Brillen als mein Geschenk mitnehmen, wenn dir das lieber ist. Ebenso kannst du gern auch meine Kompetenzbrille aussuchen und mitnehmen, nur pass bitte gut darauf auf. Probiere einfach aus, was du sehen und erkennen wirst, wenn du durch die  verschiedenen Gläser blickst und lass dich vom Ergebnis überraschen. Ich bin mir sicher, die Brille wird dir bei deinem Vorhaben gute Dienste leisten. So, nun aber genug geredet. Such dir eine Brille aus und kehre zu deiner Herde zurück. Alles Übrige wird sich auf deinem weiteren Weg zeigen.

Immer noch irritiert erbat sich der Hirte die Kompetenzbrille. Mit aufrichtigem und tiefem Dank für das Geschenk verabschiedete er sich vom weisen Ion und ging etwas verwirrt und etwas grüblerisch vom Haus mit den blauen Streifen zu seiner Herde.

Nachdenklich, aber zufrieden mit dem Tag schlief er an diesem Abend ein.

8. Die Kompetenzbrille

In den nächsten Tagen zog die Herde samt Hütehund und Hirten mit dem Bergführer weiter. Sie durchwanderten schattige Täler und sonnige Anhöhen. Sie gelangten dem fernen Gipfel, der sich am Horizont abzeichnete, immer näher. Die Schafe gewöhnten sich daran, täglich zu marschieren und dabei weiter zu weiden und schöne Wolle zu machen, die sie unterwegs verkauften und so gut davon leben konnten.

Abends kamen sie auf saftigen Weiden oder in trockenen Ställen unter. Dort diskutierten sie immer wieder, was sie erlebt hatten und ob das alles so Sinn machen würde. Der Hirte war sehr schweigsam geworden und beobachtete seine Herde aufmerksam. Bei mancher Gelegenheit nahm er die Kompetenzbrille hervor und betrachtete damit seine Schafe. Ihm fiel auf, dass alle gut ihren alltäglichen Routinen folgten, weideten, tranken, wanderten und Wolle machten. Gab es unterwegs außergewöhnliche Situationen, wie einen wilden Bergbach zu überqueren oder eine längere Strecke über Geröllfelder, auf denen kein Gras wuchs, dann bemerkte er, dass jedes Schaf seine eigenen Stärken und Grenzen hatte.

Komische Brille, dachte er bei sich, dass hätte ich auch so bemerkt, was soll das? Er wollte die Brille bereits wegwerfen, als sich eines Tages ein kleines, fröhlich lachendes Mädchen zu ihnen gesellte, das ausgelassen tanzte. Alle blickten auf sie und mit einem leisen Plopp verwandelte sie sich in ein altes Kräuterweiblein. Die Herde wich vor der unwirklichen Erscheinung ängstlich zurück. Die alte Frau lachte heiser und sprach: „Ihr seht, was Ihr sehen wollt und Dir, Hirte, rate ich, die Brille anders zu gebrauchen, um das Eine vom Anderen zu unterscheiden, um nicht nur Beides zu sehen." Mit einem weiteren Plopp verwandelte sie sich in das kleine Mädchen zurück und tanzte davon, bis sie sich in einer Nebelschwade auflöste.

Den ganzen Tag über grübelte der Hirte, was diese Erscheinung zu bedeuten hätte. Abends saß er abseits seiner Herde, setzte die Kompetenzbrille auf und beobachtete seine Schafe. Was bedeuteten das „Eine", das „Andere" oder „Beides"? Da kam er auf die Idee, ein Auge zuzutun und durch nur eines der beiden seltsam unterschiedlichen Gläser zu blicken. Verwundert betrachtete er seine Herde

und nach einer Weile wechselte er das Auge und schaute nun durch das andere Brillenglas.

Wenn er durch beide Gläser blickte, sah er seine Schafe mit ihren jeweils eigenen Stärken und Grenzen. Blickte er nur durch die eine Linse, dann sah er die Fähigkeiten jedes Schafs in einer außergewöhnlichen Situation, sein Können, Wissen und seine Erfahrung. Beobachtete er nur durch das andere Glas, denn erblickte er die Bereitschaft und Motivation des Schafs, mit welcher Willenskraft und mit welchen individuellen Werten es der Situation begegnete. Beides zusammen zeigte sich mit allen Stärken und Grenzen im konkreten Handeln.

Der Hirte erkannte, dass jedes Schaf entsprechend seiner Fähigkeiten und Bereitschaften andere Zuwendung, andere Ansprache und andere Unterstützung brauchte. Sophie zum Beispiel brannte für die Idee des  Landes hinter den Bergen, man musste sie nicht überzeugen, im Gegenteil, manchmal übertrieb sie auch ihren Idealismus. Trotz der hohen Bereitschaft kam sie manchmal nur schwer nach, denn sie war etwas ungeschickt auf den schmalen, steinigen Wegen und auch das tägliche Wollemachen strengte sie an, ihre Fähigkeiten waren gelegentlich begrenzt. Das machte die anderen manchmal ungeduldig.

Im Gegensatz dazu war Franzi ein geschicktes, kräftiges Schaf, der die Anstrengungen und Schwierigkeiten unterwegs nichts auszumachen schienen. Trotz ihrer Fähigkeiten war sie manchmal nur schwer zu bewegen, den Weg fortzusetzen, weil sie wenig Sinn in dem Vorhaben erkannte und gelegentlich keinen Plan darin sah.  Aber es gelang doch, sie immer wieder zum Mitmachen anzuregen, auch wenn es für die anderen manchmal nervig war.

Am schwierigsten war es für den Hütehund. Er hatte gar keine Lust mehr. Sein ganzer Daseinszweck bestand doch im Machen und Motivieren. Wenn das nun nicht mehr gebraucht wird und die Schafe das selbst tun sollten, war er überflüssig. So ging er eines Abends zum Hirten und sprach: „Morgen werde ich umkehren und in unser altes Weideland zurückkehren. Hier braucht man mich und meine Fähigkeiten nicht mehr und dort werde ich sicher bei einem anderen Hirtenkönig unterkommen und eine Anstellung finden. Dort herrschen noch Hierarchie und Ordnung, die hier immer mehr verloren gehen. Ich habe mir meine Stellung durch Machen und Motivieren hart erarbeitet und kann hier doch nur verlieren. Bis jetzt habe ich mir nichts anmerken lassen und gute Miene zum bösen Spiel gemacht. Nun ist aber Schluss damit, morgen werde ich Euch verlassen".

Der Hirte verstand, dass beim Hütehund überhaupt keine Bereitschaft vorhanden war, weiter mit der Herde zu ziehen. Er verstand auch, dass sich in einem solchen Moment die Frage nach den Fähigkeiten nicht stellte. Hier brauchte es etwas anderes. Nur was?

Als er so grübelte, kam aus dem naheliegenden Dorf der Volksschullehrer Ludwig vorbei. Er war ein gelehrter Mann, der sich mit logischen und philosophischen Abhandlungen die Zeit vertrieb. „Bitte hilf mir", bat der Hirte, „hilf mir, meine Gedanken zu ordnen!" Der Lehrer antwortete mit einem unverständlichen Satz „Die Lösung des Problems merkt man am Verschwinden dieses Problems und die Tatsachen gehören alle nur zur Aufgabe, nicht zur Lösung.[3]" Dabei entrollte er ein Plakat, auf das er deutete.

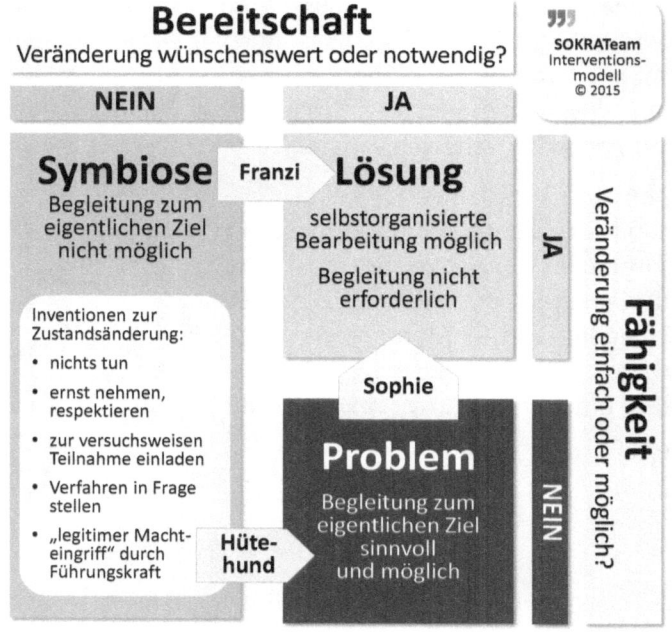

[3] Ludwig Wittgenstein, Tractatus logico-philosophicus, 6.521, 6.4321, 7

„Schlafe eine Nacht darüber, dann wirst auch Du jene Fähigkeiten und Bereitschaften besitzen, die Du brauchst. Du wirst darüber sprechen können und musst nicht schweigen", fügte er hinzu und ließ den Hirten verdutzt zurück.

9. Der Hütehund

Am nächsten Tag wollten alle schon weiterziehen, als der Hirte abwinkte: „Einen Moment Geduld, bitte. Bevor wir weiterziehen, will ich mich noch mit dem Hütehund unterhalten." Er nahm den Hütehund beiseite, setzte sich neben ihn und sprach: „Dir ist es also wirklich ernst, du willst uns verlassen." Der Hütehund knurrte ein unverständliches „Ja". „O.K., nur wenn du gehst, dann lass uns gemeinsam überlegen, wie wir es der Herde sagen. Wir sollten uns auch danach noch in die Augen schauen können", sagte der Hirte. Der Hütehund nickte stumm.

„Gut", fuhr der Hirte fort. „Ich respektiere deine Entscheidung, auch wenn es mir schwer fällt und dein Weggang uns alle sehr traurig stimmen wird. Du hast Fähigkeiten, die sonst niemand hier hat: Deine feine Witterung, deine Schnelligkeit, deine Erfahrung, die Schafe zusammenzutreiben und alles andere, was zu einem guten Hütehund gehört. Ich will unseren Weg über das Gebirge fortführen und habe mir zu deiner Absicht einige Gedanken gemacht.

Ich hätte einfach nichts tun können und abwarten, was du tatsächlich machst. Das fand ich nicht so gut, denn damit hätte ich alle deine Verdienste, dein Bemühen um die Herde, dein Engagement in der Vergangenheit ausgeblendet und nicht gewürdigt. Es ist mir also wichtig, etwas zu tun.

Es wird mir nicht gelingen, dir das alles schönzureden. Auch hätte ich deine Aussage gestern konsequent ernst nehmen und dich heute ohne weitere  Rücksprache verabschieden können. Das hilft aber eher einem verletzten Stolz und ich würde eine Chance verschenken, die mir wichtig ist.

 Ich könnte dich anweisen, hier zu bleiben, üble Strafen androhen, dich an die Leine nehmen und zwingen, mit uns zu kommen. Allerdings halte ich Druck und Zwang nicht für die richtigen Begleiter. Ich will, dass du mir, wenn überhaupt, aus Respekt und Vertrauen folgst und unserem Vorhaben einen Sinn abgewinnen kannst.

Ich bitte dich, versuchsweise noch etwas bei uns zu bleiben und zu sehen, wo dein neuer Platz in der Herde sein kann. Ich will dich dabei unterstützen, eine sinnvolle Tätigkeit zu finden. Wir brauchen dich hier bei uns. Mehr kann ich nicht anbieten, es bleibt deine Entscheidung."

Der Hütehund dachte kurz nach. „Sage der Herde noch nichts von meinem Entschluss. Ich will euch heute noch begleiten und darüber nachdenken. Aber ich will Führungskraft bleiben."

„Wie schön", sprach der Hirte, „wenn dir irgendwas einfällt, mit dem ich dir helfen kann, lass es mich wissen. Ansonsten sollten wir den Tag nutzen, eine sinnvolle Aufgabe für dich zu finden und darüber zu sprechen, was sichere Führung ausmacht."

Sie kehrten zur Herde zurück. Der Bergführer ahnte, dass es nun Zeit für den Aufbruch war und gab das Zeichen, sich in Bewegung zu setzen. Die Herde zog los und in einigem Abstand folgten der Hirte und der Hütehund, in ernste Gespräche vertieft.

10. Vom Führen

„Du führst immer nur dann, wenn andere dir folgen", begann der Hirtenkönig. „Folge kannst du über Druck und Zwang erreichen, was wir jedoch nicht wollen. Du kannst Folge auch durch Respekt und Vertrauen hervorrufen, das  ist unsere Absicht." Sofort konterte der Hütehund: „Wenn aber ein Schaf mal so richtig bockt, partout nicht folgen will, dir Respekt und Vertrauen versagt, was dann? Da hilft doch nur noch Bellen und Beißen."

„Du hast Verantwortung gegenüber unserem Schäferbetrieb für Ergebnisse und dafür, dass die Schafe ein gedeihliches Miteinander in der Herde gestalten. Keine  dieser Verantwortungen darfst du je ausblenden oder durch die jeweils andere absorbieren. Es geht immer um beide und beide müssen in jeder Situation neu in ein stimmiges Verhältnis gesetzt werden. Deshalb hat Führen auch zwei Aufgaben: die formale Funktion Management, die dir vom Schäferbetrieb verliehen ist, und die soziale Funktion Leitung, die sich auf das Zusammenwirken der Schafe bezieht. Defizite im einen können nicht durch das andere kompensiert werden.

Management unterscheidet Anordnen und Ausführen, Leitung differenziert zwischen Anbieten und Annehmen. In jeder Herde muss es beides geben, wenn sie Ziele erreichen will, sei es Wolle zu machen oder ein fernes

Land zu erreichen. Unterschiede gibt es nur, wie die beiden Funktionen zueinander konstelliert sind und durch wen sie jeweils ausgeübt werden. Führung ist notwendig, Führungskräfte sind es nicht."

„Also werde ich hier doch nicht mehr gebraucht, höchstens dafür, mich selbst entbehrlich zu machen", sagte der Hütehund enttäuscht. „Ganz so ist es nicht", entgegnete der Hirte, „Du behältst als Führungskraft die Verantwortung dafür, dass Führung in ihren beiden Funktionen stattfindet, auch wenn du diese nicht immer selbst ausübst. Wenn das in manchen Situationen nicht so ist, dann  musst du auch mal bellen und beißen. Schau auf den Bergführer, der uns hilft, ein Ziel zu erreichen. Einerseits stellt er strikte Regeln für den Marsch auf. Wenn wir zum Beispiel ein Schneefeld überqueren, müssen wir in gewissem Abstand hintereinander gehen.  Da lässt der Sepp nicht mit sich diskutieren und poltert gleich heftig los, wenn jemand diese Regel verletzt. Das ist gut so und für unsere Sicherheit notwendig. Andererseits bietet er an, immer dann eine kurze Pause zu machen, wenn ein Schaf ihn darum bittet, weil es erschöpft  ist. Und das Schaf muss dieses Angebot auch annehmen und dem Sepp Bescheid sagen, wenn es nicht mehr kann. Das ist gut so und für ein arbeitsfähiges Klima in der Herde notwendig." Schweigend setzten sie den Weg fort.

„Das ist gar nicht so leicht" sagte der Hütehund nach einer Weile. „Wenn ich dich richtig verstanden habe, dann ist das, was man Selbstorganisation nennt, nicht Beliebigkeit der Herde, sondern findet in einem gut gemanagten Raum statt, der durch Grenzen und Verbindlichkeiten gekennzeichnet ist und in dem sich dann Möglichkeiten eröffnen, Ergebnisse zu erzielen und Zusammenarbeit zu gestalten." – „Ja", bestätigte der Hirte froh, „auch wir bestehen darauf, dass die Schafe während unserer Reise weiter Wolle machen, damit wir davon leben können. Das ist nicht diskutierbar und auch

nicht der Beliebigkeit der Schafe ausgesetzt. Wir können nicht darüber abstimmen, ob wir ab sofort statt Wolle lieber Eier produzieren wollen. Dazu haben wir kaum Fähigkeiten, auch wenn unser Widder glaubt, der Hahn auf dem Hühnerhof habe ein besseres Leben oder einen höheren Status als er hier bei uns. Zugleich haben wir gewisse Verantwortungen an die Schafe abgegeben, etwa sich unterwegs zu versorgen. Da organisieren sich die Schafe inzwischen selbst sehr gut und wir haben in unserer Herde das Weiden auf Anordnung abgeschafft." Wieder herrschte längere Stille und sie wanderten nebeneinander her.

11. Rechthaberei

Am Abend fand der Bergführer einen komfortablen Stall mit reichlich Futter. Wie gewohnt, besprachen die Schafe ihre Erlebnisse und den Sinn der Wanderung. Etwas abseits standen der Hirte und der Hütehund. „Wie ist dein Experiment mit uns verlaufen, wirst du nun umkehren oder bei uns bleiben?" fragte der Hirte gespannt. „Ich denke, ich werde noch einen weiteren Tag bleiben, denn heute konnte ich viel lernen", sprach der Hütehund, „aber sei dir deiner Sache nicht allzu sicher, ich bleibe weiterhin nur probeweise, noch ist nichts entschieden".

Zum ersten Mal gab der Hirte dem Hütehund die Kompetenzbrille mit den Worten: „Beobachte die Herde und lass uns danach darüber sprechen, was du gesehen hast." Damit

begab er sich zu seinen Schafen, setzte sich in deren Mitte und diskutierte mit ihnen.

Franzi argumentierte wie immer, dass nichts erreicht worden sei, außer, dass die Herde nun keinen angestammten Schafstall mehr habe und durch die modischen Führungsillusionen des Hirten das Chaos und die Unsicherheit bei den Schafen zugenommen habe. Sie zitierte wie gewohnt den Feuerwehrmann und verwies auf die schwindende Hierarchie.

Der Hirte hörte ruhig zu und antwortete: „Da hast du recht"[4].

Sophie hingegen erinnerte an die Chancen und Möglichkeiten im Land hinter den Bergen, lobte den Zusammenhalt der Herde beim Wandern und erwähnte die Augenhöhe, die ein besseres Miteinander ermöglichte. Auch ihren Worten lauschte der Hirte aufmerksam und bestätigte: „Da hast Du recht".

Nun konnte der Hütehund nicht mehr an sich halten: „Franzi und Sophie vertreten doch beide völlig unterschiedliche Meinungen, sie widersprechen sich in allen wesentlichen Punkten und beiden gibst du recht". Der Hirte sah ihn lächelnd an: „Da hast du recht".

Mit klarer Stimme sprach er in das verwirrte Gemurmel der Schafe, das sofort verstummte: „Viele betrachten Hierarchie und Augenhöhe, Formales und Soziales, als Gegenteile, die sich gegenseitig widersprechen oder ausschließen. Das stimmt so nicht, denn es sind Gegenidentitäten in Anbetracht eines übergeordneten Wertes. Das Formale ist nicht das Nichtsoziale und das Soziale ist nicht das Nichtformale. Beide haben Werte für sich und können nicht über Abgrenzung zum anderen bestimmt werden.

---

[4] In Anlehnung an Paul Chaim Eisenberg (2017). Auf das Leben! - Witz und Weisheit eines Oberrabbiners, Wien

Seht heute, als wir an der Weggabelung angelangt waren. Manche von Euch wollten links gehen, andere rechts. Der übergeordnete Wert besteht darin, dass wir den Weg gemeinsam fortsetzen und die Herde sich

nicht aufteilt. Nun können wir nicht etwas links und zugleich etwas rechts gehen, wir müssen uns auf einen Weg festlegen, was der Bergführer dann auch getan hat. Hier kann man sagen: Links ist nicht rechts und rechts ist nicht links.

Ein Teil von Euch wollte den linken Weg einschlagen, weil es der kürzere ist, die anderen wollten rechts gehen, weil es dort sonniger war. Mit dem Wunsch nach kurz oder sonnig hatten beide Seiten jeweils recht, keiner der Wünsche war richtiger als der andere. Kurz und sonnig sind keine Gegenteile, sondern Gegenidentitäten. So verhält es sich auch mit euren Wünschen nach Hierarchie und Augenhöhe. Wir brauchen beides, wir müssen beide jedoch in ein gutes Verhältnis setzen." Mit diesen

Worten stand er auf und ging zum Hütehund zurück. Die Schafe debattierten allein weiter.

„Was hast du durch die Kompetenzbrille erkennen können?" fragte der Hirte. „Es ist interessant zu sehen, wie die Schafe handeln, wenn sie in der Diskussion auf unsicheres Terrain geraten, weil ihnen die Argumente

ausgehen oder sie von anderen widerlegt wurden", erwiderte der Hütehund, „Manche können sehr ideenreich, lösungsorientiert, originell und annehmbar weiter agieren, andere wiederum werden abweisend, rechtfertigend, verteidigend und scheinen nur noch auf die Situation und ihre inneren Strickmuster zu reagieren. Die ersten wirken souverän, die zweiten eher hilflos. Ich wünsche mir, beim Führen auch so aktiv agieren zu können und nicht nur passiv zu reagieren".

Zufrieden schlief der Hirte an diesem Abend ein. Der Hütehund hatte eine eher unruhige Nacht.

12. Die Werkzeugkisten

Am nächsten Tag ließen sie die Herde wieder ein Stück vorangehen und folgten in einigem Abstand. Zunächst gingen sie, ohne zu sprechen. „Noch etwas zum Bellen und Beißen", hub der Hirte an, „Ich denke, wir sind uns einig, dass wir das eigentlich nicht wollen, den Schafen aber klar sein muss, dass wir es ohne Zögern tun werden, wenn es notwendig werden sollte." Der Hund nickte. „Vorher aber müssen wir uns mit dem doppelten Boden unseres Werkzeugkastens befassen." Der Hund blickte verwundert drein.

Der Hirte erklärte: „Du hast beim Führen zwei Werkzeugkisten. Die wichtigere ist groß und bunt und oben offen. Darauf steht ‚Kommunikation' und bis auf wenige Ausnahmen wirst du dich daraus bedienen, wenn du führst. Diese Kiste hat jedoch einen doppelten Boden. Wenn du also von oben hineinblickst, dann glaubst du oft, den Inhalt schon ausgereizt zu haben. Das stimmt allerdings nicht. Wenn also ein Schaf mal bockt und nicht so will, wie du willst, dann hilft in vielen Fällen, nach verborgenen Werkzeugen der Kommunikation zu suchen, sprich, mal anders als bisher zu reden. Es ist immer wieder erstaunlich, wie weit man damit kommt, auch wenn man anfänglich geglaubt hat, mit seinen Möglichkeiten der Kommunikation schon am Ende zu sein."

„Du redest dich leicht", sprach der Hütehund, „Manchmal predige ich mir das Maul fusselig und es hilft nichts. Manchmal erkläre ich es hundert Mal und habe das Gefühl, nichts davon kommt an. Da muss man doch irgendwann mal bellen und beißen." – „Ich bin mir sicher, wenn du es zum 101. Mal genauso erklärst, wir bei allen 100 Versuchen zuvor, dann wirst du auch nichts verändern. Du musst also für das nächste Gespräch überlegen, was du anders machen willst als bisher, damit deine Botschaft eine Chance hat, durchzukommen. Ohne dass es dabei eine Garantie gibt. Das nennt man übrigens Musterwechsel.

Das ist wie beim Topfschlagen am Kindergeburtstag. Wenn der erste Schlag mit dem Kochlöffel noch keinen Erfolg bringt, wird kein Kind immer wieder auf die selbe Stelle schlagen und denken ‚irgendwann muss doch dieser doofe Topf mal vorbeikommen'. Wenn du also für solch ein Gespräch fast schon ein Drehbuch schreiben kannst, weil du genau weißt, wie es verlaufen wird, dann ist es Zeit, nicht noch mehr vom Gleichen zu tun, sondern stattdessen etwas anderes. Oft reichen kleine Änderungen aus, um eine andere Wirkung zu erzielen." – „Das würde ich ja gern, aber ich weiß nicht, wie." – „Da hat man auch schnell einen blinden Fleck, das stimmt", pflichtete der Hirte bei, „bitte doch einfach andere Führungskräfte, dir den doppelten Boden zugänglich zu machen. Das nennt man kollegiale Beratung und das könnte zukünftig auch Thema unter uns sein. Führung muss man nicht mit sich allein ausmachen."

„Ja und das Bellen und Beißen und die zweite Werkzeugkiste?" fragte der Hütehund neugierig und hoffnungsfroh, denn er hatte eine furchterregende Stimme und ein prächtiges Gebiss. Der Hirte antwortete: „Das ist eine kleine, feuerrot gestrichene Kiste. Sie hat einen Deckel und ein Schloss, denn eigentlich wollen wir uns

nicht daraus bedienen, auch wenn wir es beherzt und konsequent tun, sollte es einmal notwendig sein. Schloss und Deckel sollen das symbolisieren. Zuvor werden wir alles tun, dass es nicht notwendig wird. Der Vorgang des Öffnens dient als Bedenkzeit, damit nicht leichtfertig oder inflationär umzugehen. In der Kiste befinden sich ausschließlich legitimierte Sanktionen wie Arbeitsrecht oder Betriebsvorschriften. Peitschen und Morgensterne zählen nicht dazu, ebenso wenig persönliche Racheakte, Ausgrenzungen, Kielholen oder Erniedrigungen. Das ist es, was du mit Bellen und Beißen meinst."

13. Am Fußballplatz

Mittags kamen sie zu einem Dorf und der runde Bürgermeister erwartete sie schon. Er bat den Hirten, die Herde auf den Fußballplatz zu führen und dort das Gras zu weiden. Alle Sensen würden zur Ernte gebraucht und niemand könne den Platz pflegen, obwohl am Sonntag dort ein Freundschaftsspiel stattfinden würde. Es wäre eine große Hilfe...

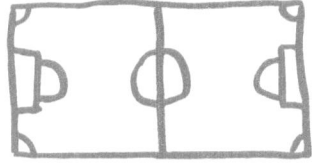

Während die Schafe den herrlichen Rasen beweideten, saßen der Hirte und der Hütehund auf der Trainerbank und unterhielten sich. „Was bedeutet Führen denn nun genau?" fragte der Hütehund.

„Nun, das ist einfach, aber nicht leicht", antwortete der Hirte. „Eigentlich genauso, wie hier auf dem Fußballplatz. Wenn die Schafe den Rasen in Ordnung gebracht haben, denn im Gestrüpp kann man nicht gut spielen, dann kommt zuerst der Platzwart und sorgt durch Linien und Eckfahnen für ein eindeutiges Spielfeld. Auch Führung muss Grenzen ziehen und Felder abstecken, in denen dann gearbeitet wird. Es kann nicht jeder nach Belieben sein eigenes Spielfeld definieren, sonst gibt es Chaos. Jedem muss klar sein, was geht und was eben nicht geht, also ‚Aus' ist. Du

erinnerst dich, wie wir den Schafen erklärt haben, sie sollen sich um Verpflegung und Pausen nun selbst kümmern. Auch wenn der Sepp an gefährlichen Stellen Regeln vorgibt, es geht immer wieder darum, das Spielfeld abzustecken und dafür zu sorgen, dass das

allen klar ist. Als nächstes tritt der Trainer vor seine Mannschaft. Er gibt die Taktik vor und legt die Aufstellung fest, wer also im Spiel welche Funktion hat und wie die Gesamtaufstellung ist, ob in Viererkette gespielt wird und so fort.

Der Schiedsrichter pfeift das Spiel an und achtet darauf, dass alle die Regeln einhalten und die Linien beachten. Wenn nicht, gibt es einen Anpfiff und manchmal zeigt er auch bunte Karten, über die sich nicht immer alle freuen. Jedem

Spieler ist bewusst, dass der Schiedsrichter das darf, dass es sinnvoll ist und dass er sich dem beugen muss. Wer damit ein Problem hat, sollte lieber Einsiedler

werden. Dann schließlich gibt es noch den Mannschaftskapitän, der die Spieler anspornt und darauf achtet, dass sie ein gutes Spiel machen und ihre Aktionen kombinieren", schloss der Hirte

„Deinen Vergleich verstehe ich zwar, aber was hat das mit innovativem Führen oder gar einem Paradigmenwechsel zu tun, den du doch im neuen Land finden willst?" fragte der Hütehund.

„Nichts und doch ganz viel", ergänzte der Hirte „Bevor wir über verschiedene Versionen sprechen, sollte uns das Wesen von Führung klar sein. Diese Funktion ändert sich über die Versionen nicht. Bevor wir Neuland betreten, sollten wir erst das Bisherige verinnerlicht haben. Zudem verstehen wir einen Paradigmenwechsel immer nur über den Unterschied, den er macht. Auf dem Fußballplatz werden verschiedene Aufgaben von mehreren Menschen wahrgenommen. Bei hierarchischer Führung vereint die Führungskraft diese Aufgaben in sich. Der Unterschied besteht darin, dass bei anderen Formen von Führung, die eher dem Prinzip der Augenhöhe folgen, diese Aufgaben fallweise auf verschiedene Menschen verteilt sein können. Führung achtet darauf, dass alle Funktionen eindeutig wahrgenommen werden, unabhängig davon, wer Führung ausübt, ein einzelner Mensch oder ein Kollektiv. Wie schon gesagt: Führung ist notwendig, Führungskräfte sind es nicht."

Inzwischen hatte die Herde den Fußballplatz sauber abgeweidet, das Freundschaftsspiel am Sonntag konnte stattfinden. Der runde Bürgermeister verabschiedete sie mit tiefen Dankesbekundungen und die Herde zog fröhlich weiter.

14. Vom sicheren Führen

„Ich fürchte, ich habe das noch nicht genau verstanden" sagte der Hütehund nach einer Weile. „Gibt es denn ein paar Anregungen, an denen ich mein Führungshandeln ausrichten kann? Mir fehlt noch was Konkretes."

„Da gibt es tatsächlich was, es sind fünf Tätigkeiten, die sichere Führung möglich machen. Du kannst mal überlegen, was davon wir zuvor schon besprochen haben oder wie du das eine oder andere auf unserer Reise schon beobachten konntest. Es ist kein Hexenwerk", sagte der Hirte und begann seine Erklärung. „Über klar definierte Grenzen, verbindliche Prämissen und deren Notwendigkeit haben wir eben gesprochen. Die Einhaltung dieser Grenzen muss gesichert werden. Konflikte und Frustration, die dabei entstehen können, sind völlig normale Begleiterscheinungen und wir müssen sie uns und allen Beteiligten zumuten.

Führung beachtet zwei gleich wichtige Strukturen. Die formale Struktur umfasst verbindliche Ziele, Ergebnisse, Verträge und Arbeitsabläufe, die sich aus dem Daseinszeck unserer Schäferei ergeben. Management ist das Verantworten einer arbeitsfähigen formalen Struktur. Die soziale Struktur umfasst die individuellen Aspekte wie

Werte, Ideale, Sinnhaftigkeit, Respekt und Vertrauen. Leitung sorgt für eine arbeitsfähige soziale Struktur." – „Soweit verstanden", unterbrach der Hütehund, „nur was, bitte, bedeutet ‚arbeitsfähig'?" Der Hirte erklärte: „Beide Strukturen müssen soweit geklärt sein, dass alle von uns ihre Aufmerksamkeit voll und ganz auf ihre Aufgabe lenken können anstatt auf strukturelle Defizite und Störungen.

Wenn also Franzi mit der fehlenden Hierarchie, einem Teil der formalen Struktur, nicht klarkommt, verwendet sie viel Energie auf dieses erlebte Defizit und ist von ihren Aufgaben abgelenkt.

Oder denke an einen Konflikt, eine Störung der sozialen Struktur, wie Sophie es nennen würde. Da werden viel

Energie und Aufmerksamkeit reingesteckt und die fehlen dann an anderer Stelle. Kannst du mir folgen? – „Ja, ich denke, jetzt ist mir klar, was du mit Arbeitsfähigkeit meinst. Die beiden Strukturen müssen also nicht perfekt sein, sondern nur so gut, dass sie nicht von den eigentlichen Aufgaben ablenken oder dabei stören."- „Genau", stimmte der Hirte zu. Der Hütehund entgegnete: „Das mag ja für unternehmerische Systeme gelten, aber doch nicht für alle. Als wir vor einigen Tagen bei der Alm verweilten, haben sich der Sepp und die Sennerin Lisa ineinander verliebt. Da gibt es doch keine formalen Strukturanteile, sondern nur ihre Verliebtheit und das ist soziale Struktur pur."

„Nicht ganz, auch die beiden frisch Verliebten brauchen formale und verbindliche Minimalanteile, wenn ihre junge Beziehung nicht eine Episode bleiben soll. Zumindest müssen sie die Frage ‚zu mir oder zu dir?' klären", fuhr der Hirte fort.

„Die zarte Pflanze der Verliebtheit darf nicht durch überbordende Bürokratie und Regelwut erstickt werden. Wir müssen nicht nur auf die Strukturen an sich achten, sondern sie immer wieder in ein günstiges Verhältnis setzen. Das ist ein alltäglicher und permanenter Prozess, bei dem immer wieder aufs Neue entschieden werden muss, wie eine für die Situation günstige formal-soziale Balance erreicht wird. Manchmal kann eine temporäre Überbetonung einer der beiden Strukturen durchaus sinnvoll und erforderlich sein. Auf lange Sicht muss jedoch eine Balance sichergestellt sein. Wie wir das immer wieder tun, prägt die Kultur unserer Herde. Im Moment versuchen wir, von einer hierarchischen und formalen Kultur zu einer mehr sozialen und von Augenhöhe geprägten zu wechseln.

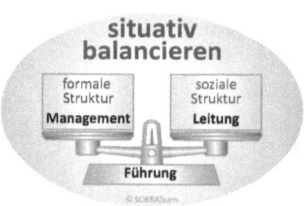

Für gute Führung ist es ferner unverzichtbar, dass wir unser Handeln immer wieder hinterfragen und auf Stimmigkeit hin überprüfen. Das Gespräch mit den Schafen hilft uns dabei. Nur mit regelmäßiger Reflexion erreichen wir, dass wir bewusst handeln und nicht in unbewusste Routinen abgleiten. Das wäre das Ende guter Führung.

Wir alle sind mit bestimmten Rollen und Funktionen betraut, um zum Daseinszweck der Schäferei beizutragen. Wesentlich geht es hier um die Übernahme der eigenen Verantwortung, ohne Teile davon auf andere abzuwälzen und ohne Teile von Verantwortung anderer zu übernehmen. Zugleich sind wir einzigartige und unverwechselbare Individuen. Es geht also auch um den Umgang mit dem Phänomen, zugleich die Hierarchie in verschiedenen Rollen und die Augenhöhe unter Individuen zu realisieren, ohne diese zu vermischen oder zu verwechseln."

„Uff", sagte der Hütehund, „das muss ich erst mal verdauen. Gib mir bitte etwas Bedenkzeit".

15. Der starke Held

Tag für Tag wanderte die Herde weiter und kam dem hohen Gipfel immer näher. Es wurde fortwährend anstrengender. Längst gingen sie keine bequemen Straßen mehr, der Weg wurde immer steiler und manchmal führte der Sepp sie querfeldein, über Geröllhalden, Schneefelder und durch tosende Gebirgsbäche. Die Schafe halfen sich an schwierigen Stellen und ermunterten sich gegenseitig, wenn es besonders bedrohlich wurde. Auch das Futter wurde immer knapper, seit sie die letzten Bäume hinter sich gelassen hatten und manchmal teilten sie die kargen Gräser redlich. Nachts froren die Schafe zuweilen und drängten sich dicht zusammen. So kurz unter dem Gipfel war es unangenehm rau und windig. So mancher Zweifel wurde laut in dieser unbequemen Situation. Der Bergführer, der Hirte und der Hütehund hatten genug zu tun, die Schafe zum Durchhalten zu bewegen.

„Das ist unsere letzte Nacht vor dem Anstieg zum Gipfel", sagte der Bergführer, als er sie im Windschatten einer einsamen Hütte ins Nachtquartier führte. Er ermahnte sie „Ruht euch noch einmal gut aus, morgen wird es noch einmal anstrengend, bevor wir dann in ein herrliches Tal absteigen!"

Vor der Hütte entdeckten sie einen großen, mächtigen Mann, der bitterlich weinte. Er erzählte schluchzend: „Hier im Tal ist es üblich, seine Kräfte durch das Anheben von schweren Steinen und Werfen von Baumstämmen zu messen. Ich bin da der allerbeste, selbst in brenzligen Wettkampfsituationen, und man nennt mich Xaver, den starken Helden. Es ist das einzige, das ich wirklich gut kann, es macht mir Spaß und bringt mir Ehre. Das traurige daran ist, dass wir einen neuen Bader im Tal haben, der meint, das sei ungesund. Er will die Wettkämpfe, die uns alle erfreuen, verbieten lassen. Wir Recken sollten doch lieber zarte Blümchen pflücken. Das kann ich nicht mit  meinen groben Händen und es macht mir auch gar keine Freude. Ich bin verzweifelt und habe bald auf nichts mehr Lust, nicht einmal mehr Steine heben. Außerdem verlerne ich alle meine Griffe, die ich dazu brauche. Die Leute im Tal lachen schon über mich." Es gelang nicht, den starken Helden Xaver zu trösten, der sich verabschiedete, viel Erfolg für den nächsten Tag wünschte und ins Tal aufbrach.

„Was hatte das nun zu bedeuten?", fragte der Hirte den Hütehund ratlos. Dieser hatte den ganzen Vorgang durch die Kompetenzbrille beobachtet. „Das kann ich  dir schon sagen", antwortete er, „vielleicht ist die Erkenntnis auch für uns nützlich. Der starke Held Xaver hat wirklich Kompetenz im Steine heben und Bäume werfen. Er hat die Fähigkeiten und die erforderliche Bereitschaft, das zu tun, auch unter schwierigen Bedingungen. Nur, was hilft die Kompetenz, wenn er sie nicht anwenden darf. So verliert er sowohl seine Kraft und sein Geschick, weil er aus der Übung kommt. Und er hat auch irgendwann keine Lust mehr, die Bereitschaft ist dahin. Es kommt nicht nur darauf an, Kompetenzen zu haben, sondern auch, Situationen vorzufinden oder geboten zu bekommen, diese anzuwenden." – „Gut gesprochen", sagte der Hirte, der in diesem Moment wirklich stolz auf seinen Hütehund war. „Wirst du nun weiter mit uns ziehen, oder lieber doch umkehren?" fragte er vorsichtig. „Ich bleibe, denn nun erkenne ich wieder Sinn in meinem Tun und weil du mich ernst nimmst und brauchst", schloss der Hütehund. Der Hirte lächelte zufrieden und dacht an den weisen Ion.

Sie packten die letzten Heuvorräte in ihre Rucksäcke, füllten sorgfältig ihre Wasserflaschen und begaben sich zur Ruhe, gespannt auf den nächsten Tag.

16. Die herrliche Aussicht

Die Nacht war noch schwarz, als der Bergführer die Herde weckte und zum Aufbruch mahnte. Ein langer, beschwerlicher Aufstieg stand bevor, der alle ihre Kräfte erfordern würde. Der junge Morgen war kalt und windig. Verschlafen standen die Schafe herum und murrten. „Was soll die ganze Anstrengung, wir haben doch schon so viel erreicht, nun ist es genug. Wir können nicht mehr und wollen uns ausruhen" und so fort.

Der Hirte und sein Hütehund erschraken über die Ablehnung der Schafe, die sie deutlich spürten. Allein der Sepp blieb gelassen. Er kannte das ganz genau. Kurz vor dem letzten Schritt, wenn schon viel geleistet war, machte sich oft Unmut breit und auch Unlust, weiterzumachen. Es war ganz normal für ihn, Beharrungsenergien seiner Kundschaften zu überwinden und zum letzten Schritt zu animieren. „Alles Jammern hilft nicht", spornte er die Herde an, „lasst uns aufbrechen und den letzten Schritt tun!" So marschierte die Herde los. Der Weg war anstrengend und gefährlich, die Schafe litten Hunger und Durst, sie waren er schöpft und die Glieder schmerzten. Langsam kamen sie dem Gipfel näher.

Das Wetter war stürmisch, der Himmel bedeckt. Als sie jedoch am frühen Nachmittag den Gipfel erreichten, klarte es auf, wohlig warm schien die Sonne und ein herrlicher Ausblick eröffnete sich. Erschöpft lagerte die Herde am höchsten Punkt. Sie aßen die letzten Vorräte und labten sich an ihren Wasserflaschen. Wie angenehm die Sonne doch die Wolle wärmte und wie grandios der Blick von hier oben war. Hinter ihnen erkannten sie ihr altes Weideland und die Dörfer, durch die sie gezogen waren. Vor ihnen lagen ein saftig grünes Tal und ein weiterer Gipfel, ihr nächstes Ziel. Schnell hellte die Stimmung der Herde auf und sie scherzten und plauderten fröhlich und wiesen sich gegenseitig auf Orte hin, die sie von oben erkannten.

Sie schwelgten in ihren Erinnerungen über die gemeinsamen Erlebnisse unterwegs: „Wisst ihr noch, wie wir…?".

Da hub der Bergführer an: „Wenn ihr hier oben seid, was ist dann anders für euch, seit eurem Aufbruch aus dem alten Weideland"? Die Schafe schwiegen und dachten nach.

Als erste ergriff Franzi das Wort. „Also mal ganz objektiv, ich kann schon beobachten, dass wir als Herde ganz anders zusammen ticken als früher. Bisher haben wir mehr darauf geachtet, dass die persönlichen Bedürfnisse und Wünsche jedes Schafs möglichst gut erfüllt werden. Wir sind davon ausgegangen, dass wir so eine gute und leistungsstarke Herde werden. Auf dem Weg haben wir gelernt, zum Wohl der Herde, unserer Zusammenarbeit und unserer Ergebnisse, ab und zu und immer wieder eigene Interessen und Bedürfnisse zurückzustellen."

„Ja", ergänzte Sophie, „Das bedeutet aber auch, dass anstelle möglichst hoher Berücksichtigung und Befriedigung unserer individueller Bedürfnisse eine gewisse Frustrations- und Ambiguitätstoleranz tritt. Das haben der Sepp, der Hirte und der Hütehund uns immer wieder zugemutet. Nur so konnten wir das lernen. Ich glaube auch, sie mussten sich das selbst immer wieder zumuten, sowas von uns zu verlangen. Es schien für uns alle nicht leicht...". Nachdenklich fiel Franzi ihr ins Wort: „... und sie haben nie zugelassen, dass Frustration eine Erlaubnis zu Minderleistung wurde. Wie haben wir doch immer danach verlangt, der Hirtenkönig möge machen und uns motivieren. Wir haben unterwegs etwas gelernt, was Selbstorganisation genannt wird und das fühlt sich gut an...." – „... und wir sind nun sehr leistungsfähig als Herde, Motivieren ist für uns kein Thema mehr. Jede von uns hat ihre eigenen Fähigkeiten und Bereitschaften und wir kommen gemeinsam weiter", fügte Sophie hinzu.

Der Sepp hörte zu und lächelte zufrieden. Er erinnerte sich an ein Bild, das ein fahrender Sänger auf einem Hochgebirgs-Kongress gezeigt hatte.

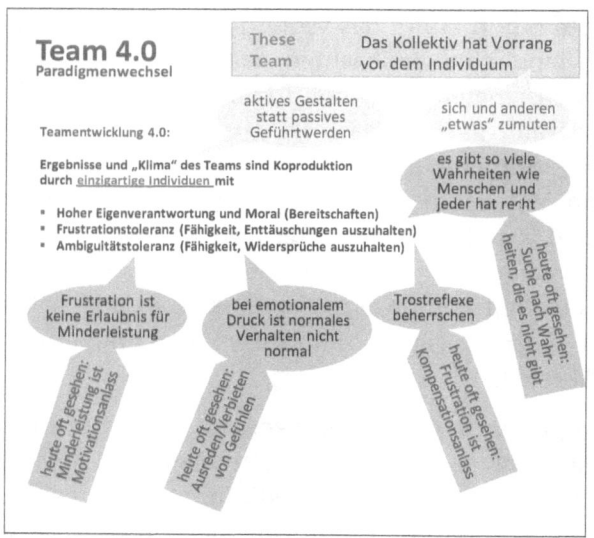

17. Monolog des Hütehundes

Der Hütehund verfolgte etwas abseits die Diskussion. Schweigend war er in ein angeregtes Selbstgespräch vertieft. „Nun, Pius", denn so hieß er, „Was ist eigentlich für Dich anders?"

„Ich glaube, ich habe einige Werte, die ich früher so selbstverständlich für wichtig gehalten habe, überdacht. Nun sind mir zum Teil andere Werte wichtiger und ich bin mir darüber viel klarer als zuvor", antwortete Pius sich selbst und fuhr versonnen fort: „Das war weder einfach noch leicht. Zu Beginn war es ja nur eine vage Absicht

des Hirtenkönigs, in ein neues Land aufzubrechen. Irgendwann war er dann fest entschlossen. Jede Realisierung ist der Tod der Absicht. Da wurde es auch für mich ernst und ich musste viel über mich und mein Selbstverständnis von Führung lernen. Das war richtig Arbeit und fast wollte ich schon aufgeben und umkehren."

Der Hütehund betrachtete durch die Kompetenzbrille den Hirten. „Ob etwas so komplexes wie unser Vorhaben funktioniert oder nicht, können wir erst sagen, wenn wir es redlich ausprobiert haben. Ohne jemals eine Garantie für den Erfolg zu haben. Manche Situationen haben mich emotional ganz schön angetickert, ich war persönlich betroffen und wusste, dass ich eine Entscheidung zu treffen hatte. Mit meinen bisherigen Vorstellungen hätte es keine kreative Lösung gegeben, die Neues eröffnet. Das war einfach nur doof in diesen

Momenten, aber im Nachhinein bin ich froh über diese Erfahrungen. Die Kompetenzbrille und das Vertrauen des Hirten haben mir sehr in meiner Entwicklung geholfen."

Er ließ seinen Blick zurück in das alte Land schweifen und auf den Weg, den sie zurückgelegt hatten. Dann schaute er auf die Herde, die sich mit dem Bergführer unterhielt. „Pius, ich glaube, der Weg selbst und alle, die ihn auf sich genommen haben und alle, denen wir begegnet sind, haben dich etwas gelehrt. Der Sepp, der Feuerwehrmann, der weise Ion, das Mädchen, das in Wirklichkeit eine alte Frau war, der Dorfschullehrer, der runde Bürgermeister, ja selbst die Sennerin Lisa und Xaver, der starke Held. Stets lag es an mir, herauszufinden, welche Botschaft sie mir mitgeben wollten."

Der Hütehund dachte auch an seinen persönlichen Weg, seinen Lernweg. Zahlreiche Bilder gingen ihm dabei durch seinen Kopf. „Oioioi" fiel ihm dazu nur ein, weil ihm die richtigen Worte zum Schweigen fehlten.

Nach einigem kritischen Sinnieren über sich sprang Pius energisch auf. „Schluss mit Grübeln, jetzt gehe ich wieder zu den anderen" und er gesellte sich zur Herde, die sich langsam zum Aufbruch fertig machte. Der Bergführer wollte die Nacht an einem sicheren, tiefergelegenen Ort verbringen. Nun begann der Abstieg in das Tal der Zumutung, in dem das Gespenst VUCA haust. Es blieb spannend.

18. Verrückte Begegnungen

Je weiter die Herde in das Tal abstieg, desto leichter wurde der Weg und desto saftiger die Weiden. Der

Bergführer ließ der Herde Zeit, um auszuruhen und sich satt zu fressen. Das war nach dieser strapazierenden Gipfelüberquerung angenehm und wichtig. Die Herde war richtig stolz darauf, diese Anstrengung gemeinsam geleistet zu haben und der Hirte sparte nicht an Lob. Die Schafe fühlten sich kraftvoll und zufrieden.

Sie durchquerten erste Ansiedlungen. Bald fiel ihnen auf, dass über viele Haustüren und Fenster ein Rosmarinzweig genagelt war, wohl um das schreckliche Gespenst VUCA fernzuhalten.

Ihnen begegneten auch wieder Menschen, die sich allerdings sehr komisch verhielten. Manche irrten im Sprint durch die Gegend und murmelten nur „scrum,

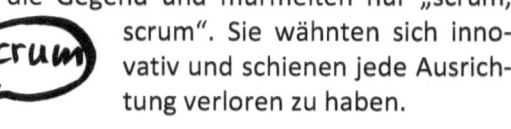

scrum". Sie wähnten sich innovativ und schienen jede Ausrichtung verloren zu haben.

Andere trugen eigenartige Tafeln mit sich, die sie um den Preis ihres Verstandes erworben hatten. Sie wischten darauf hektisch herum und folgten dem, was die Algorithmen ihnen vorgaben. Vergeblich suchten sie nach der Weltenformel und waren verärgert, dass man ihnen diese vorenthielt.

In schattigen Hainen saßen Gurus, umgeben von Jüngern, die an ihren Lippen hingen. Sie dürsteten nach Orientierung, die sie dann mit der Wahrheit verwechselten. Manchmal sprangen sie enttäuscht von ihrem Guru auf und wechselten zum nächsten, der ihnen ein anderes Heil versprach. Es gab inflationär viele Heile.

Wieder andere errichteten Altäre und opferten dort der Agilität ihre Vernunft. Ernsthaft zelebrierten sie im Open Space ihre Barcamps und tauschten ihre Sessions über Social Media aus. Alle gemeinsam jedoch verspotteten sie die Menschen, die sich an diesen Kulten nicht beteiligten und sprachen ihnen jegliche Zukunftsfähigkeit ab.

Ab und an zogen Menschen mit brennenden Fackeln und wehenden Fahnen vorbei, die mit sehnsüchtigem Blick eine Zukunft der Glückseligkeit und Menschlichkeit prophezeiten. Sie nannten die Welt 4.0, ohne sagen zu können, was genau der Paradigmenwechsel gegenüber der Welt 3.0 war.

Staunend und fast wie in einem Traum zog die Herde durch diesen Landstrich mit den seltsamen Gestalten.

 Selbst der Hütehund hatte die Kompetenzbrille abgenommen, da sie beim Anblick dieser Leute heftig beschlug.

In allen Dörfern, durch die sie zogen, wurden bunte Märkte abgehalten. In World Cafés saßen Menschen und feierten mit Achtsamkeit ihr Appreciative Inquiry Summit.

Es gab Gaukler, Märchenerzähler und zwielichtige Händler. Unter ihnen war so mancher Bader oder Quacksalber, der Symbiosen und Lösungsfallen als Arzneien bei schwerer Digitalisierung oder vergleichbaren Erkrankungen anbot.

Die Verkaufstische waren mit furchterregenden Bildern des Gespenstes VUCA versehen. Alle Händler priesen ihre Allheilmittel zum Schutz davor an, die es nur zu kaufen galt. Allein mithilfe dieser Gegenmittel versprachen sie eine goldene Zukunft und Weltmarktführerschaft.

Als willkommene Nebenwirkung sei dann auch Fachkräftemangel kein wirkliches Problem mehr. Ein Löffel täglich, und alle Menschen seien glücklicher, hochmotiviert, würden permanent Spitzenleistung erbringen und abends, wenn überhaupt, dann weinend auseinandergehen. Die Marktstände waren dicht umringt und die Leute rissen den Händlern die Ware aus den Händen. Egal zu welchem Preis, Hauptsache war, dem Gespenst VUCA zu entkommen.

Daneben gab es wenige Buden, die dem Feuerwehrmann huldigten und alles beim alten belassen wollten. Dort herrschte kaum Betrieb. Zwischendurch stolperten gelegentlich Menschen, die Augenbinden oder Scheuklappen trugen und ihren Weg nicht sahen. Vermutlich dachten sie, das Gespenst VUCA könne sie nicht erblicken, da sie es auch nicht sahen. Eine wirklich wundersame, vielfältige Welt, die sich den Reisenden darbot.

19. Die Ressource der Hilflosigkeit

Die Schafe wurden immer ausgelassener. Kichernd stupsten sie sich an und wiesen sich gegenseitig auf besonders ulkige Beobachtungen hin. Wo waren sie da nur hingeraten? Sollte dieses unterhaltsame Treiben wirklich das so genannte Tal der Zumutung sein, in dem das schreckliche Gespenst VUCA hauste? Der einzige, der keine Mine verzog, war der Bergführer Sepp. Ihn schien das alles nicht sonderlich zu beeindrucken.

„Ich frage mich die ganze Zeit", sagte Sophie, „was du dir so denkst. Das ganze Getümmel kann doch nicht sang- und klanglos an dir vorbeigehen".

„Nein, das tut es sicher nicht", antwortete der Sepp, „als ich das erste Mal hier war, habe ich mich auch köstlich amüsiert. Ich habe mir dann bei meinen folgenden Besuchen überlegt, warum die Menschen das tun und sie haben alle sicher einen guten Grund dafür. Ihr seht nur die schrillen Menschen. Die vielen anderen, die ruhig ihrem Tagwerk nachgehen, fallen Euch nicht auf. Jeder hier im Tal ist schon einmal dem Gespenst VUCA begegnet. Nur manche reagieren daraufhin etwas ungewöhnlich oder verrückt. Verrückt bedeutet jedoch nicht, dumm zu sein! Ein Knackpunkt dabei ist auch eine babylonische Sprachverwirrung. Leider verwechseln manche ‚Schnelligkeit' bei Agilität mit Oberflächlichkeit oder Hektik, ‚Dynamik' mit Chaos. ‚Selbstorganisation' ist ein Strukturprinzip und nicht Beliebigkeit.

Andere agieren überlegt wie gewohnt. Auch sie gehen mit Agilität um, auch sie wenden scrum oder andere Methoden an. Das macht jeder, der das Gespenst VUCA einmal erblickt hat. Aber sie machen es besonnen und überlegt, sie verfallen nicht in Orientierungslosigkeit oder Aktionismus. Sie kommen ohne Hype, ohne Übertreibungen, ohne Ignorieren oder Leugnen aus und das ist der Unterschied."

„Dann ist das, was du einen guten Grund nennst, ja eher Hilflosigkeit. Was soll daran gut sein?", entgegnete Sophie. „Naja", sagte der Sepp nach einer kurzen Pause, „der Grund ist schon deshalb gut, weil er überhaupt zum Handeln veranlasst, anstatt in Paralyse zu verfallen. Und neue Methoden brauchen immer auch überzeugte Promotoren, um in der Gesellschaft anzukommen, aber auch um durch einseitige oder ausschließliche, manchmal idealistische, übertriebene Anwendung die Grenzen ihrer Möglichkeiten genau auszuloten. Das war schon immer so. Du erinnerst dich vielleicht noch an Moden wie Gruppendynamik oder das Systemische und siehst heute, welcher wertvolle Kern uns erhalten geblieben ist, fernab vom damaligen Idealismus.

Die Schafe, die das gehört hatten, wurden etwas nachdenklich, auch wenn sie sich dadurch den Spaß an ihren Beobachtungen nicht nehmen ließen und munter weiter alberten.

„Eins noch", fügte der Sepp hinzu, „Hilflosigkeit ist nicht ehrenrührig, kann jedem von uns mal unterkommen. Ich frage mich eher, wo die moralische Grenze liegt, an der Not anderer zu verdienen, indem man sie einseitig ausnutzt... ihnen teuer etwas verkauft, was nur ein Problem durch ein anderes ersetzt. Wobei das zudem allen ehrlichen Händlern schadet, die wirklich was zu bieten haben. Andererseits gehören zum Ausnutzen immer zwei..."

20. Das Gespenst VUCA

Manchem Schaf wurde bange bei dem Gedanken, dem Gespenst VUCA zu begegnen. Zu unwirklich schien ihr Erleben im Tal der Zumutung, das seinen Namen sicher nicht zu Unrecht trug. Die Ruhe und Besonnenheit, die der Bergführer, der Hirte und der Hütehund ausstrahlten, konnte sie nicht vollends beruhigen. Was war, wenn alle den Ernst der Situation verkannten und sich von den verrückten Beobachtungen ablenken ließen? Auch die Erklärung des Hirten, es käme nicht auf die Zumutungen an, die das Gespenst VUCA mit sich bringe, sondern darauf, wie man damit umgehe, half nicht wirklich. Aufmerksam auf alle möglichen Gefahren achtend zogen sie weiter in das fruchtbare Tal hinein.

Plötzlich, wie aus dem Nichts gekommen, stand das Gespenst VUCA vor ihnen. Ein kalter Windhauch begleitete es. Mit schrecklichem Heulen und widerlichen Grimassen versuchte es, furchterregend zu wirken. Vergnügt trat der Hirte aus der Herde hervor: „Guten Tag, liebes Gespenst, wie schön, dich zu sehen. Wir haben schon so viel von dir gehört. Es freut mich, dich persönlich zu treffen". Verärgert fuhr das Gespenst ihn an: „Das geht so nicht, du musst Angst vor mir haben!" und fügte ein grausiges

„Huuuu" hinzu, um seine Worte zu unterstreichen. Es war verwirrt und richtig verärgert. Freundlich antwortete der Hirte „Warum sollte ich Angst vor dir haben? Ich habe eine Herde, die gelernt und gezeigt hat, dass sie Großartiges leisten kann, ich habe einen klugen und gut reflektierten Hütehund als Führungskraft und einen besonnenen und erfahrenen Bergführer. Was also sollte ich fürchten?" – „Es wird schrecklich werden", schrie das Gespenst heiser und versuchte weiterhin, abscheulich zu sein, „kein Stein wird auf dem anderen bleiben, alles wird unbeständiger, unsicherer, komplexer und widersprüchlicher werden, du wirst schon sehen und dann mit den Zähnen klappern, du Wicht!"

„Liebes Gespenst" erwiderte der Hirte sanft und merkte, dass diese Anrede das Gespenst noch wütender machte, „liebes Gespenst, genau deswegen haben wir uns ja zu einer Zeit, als es uns gut ging, auf die Reise gemacht, weil wir trotz alledem, das du androhst, eine chancenreiche Zukunft haben wollten, die wir selbst bestimmen und nicht die äußeren Umstände. Und genau solche Situationen, die  du schilderst, sind uns auf dem Weg hierher mannigfach begegnet. Die Herde hat robuste Kompetenzen erworben, damit selbstorganisiert und kreativ umzugehen. Das macht uns wirklich nicht mehr bange. Wir kennen unseren Weg und wissen, ihn zu gehen."

Nun trat der Hütehund vor und bestätigte die Worte der Hirten: „Wir folgen schon längst Prinzipien, die eigentlich uralt sind und die unter dem Stichwort ‚Agilität' eine Renaissance erfahren.
Wir haben diese Prinzipien durch unser Handeln verinnerlicht, das ist nicht nur so auswendig gelernt:

- Agilität fördert Selbstorganisation in einem definierten Rahmen und stellt so einen Möglichkeitsraum her, in dem eigenverantwortliche Lösung möglich ist,
- Agilität denkt über die gewohnten Hypothesen und Annahmen hinaus und eröffnet so neue, bisher übersehene, Möglichkeiten,
- Agilität führt den Kontext mit und sorgt so für eine Anbindung an die Praxis und das „richtige Leben",
- Agilität betrachtet Individuen und deren Relationen und führt so zu wirklich akzeptierten Ergebnissen,
- Agilität fördert Selbstreflexion und Lernen und ist so ein Beitrag zur Nachhaltigkeit.

Also sag, Gespenst, was willst du von uns?"

Zähneknirschend musste das Gespenst einsehen, dass es bei dieser Herde nichts ausrichten konnte. Wutentbrannt zog es mit schrecklichem Geheule von dannen und auch der kalte Windhauch verschwand mit ihm.

Der Bergführer pfiff durch seine Zähne. „Wow – was für ein Unterschied, Hirte. Ich erinnere mich noch genau an deinen ersten Besuch bei mir und damals hatte ich echt Zweifel und wollte euch nicht begleiten. Auch kann ich mich noch gut an deine Haltung und deinen Zwiespalt am Anfang unserer Reise erinnern, Hütehund. Aber jetzt... Respekt!" Etwas später raunte er dem Hirten zu: „also wenn du eins kannst, dann ist das Führen von Führungskräften..."

Die Begegnung mit dem Gespenst VUCA und das Verhalten des Hirten und des Hütehundes beruhigten und stärkten die Schafe. Dennoch mahnte der Hirte, nicht überheblich zu werden. Das, an was das Gespenst VUCA erinnerte, waren permanente Herausforderungen, denen man sich immer wieder bewusst stellen muss. Vergangene Erfolge und Erfahrungen befähigen dabei, ersetzen aber nicht die zukünftige Auseinandersetzung damit: „Wir dürfen die Bodenhaftung nicht verlieren!"

„Das wird so schnell nicht geschehen", riefen die Schafe, „dazu habt ihr, Hirte und Hütehund, uns viel zu gründlich aus unserer Komfortzone herausgeholt. Statt wie früher zu machen und zu motivieren habt ihr unsere Selbstverantwortung gefördert. Statt wie früher allein unsere Bedürfnisse und Wünsche zu erfüllen, habt ihr uns Ambiguitätstoleranz gelehrt und Frustrationen zugemutet."

In guter und auch nachdenklicher Stimmung zog die Herde weiter.

21. Standortbestimmung

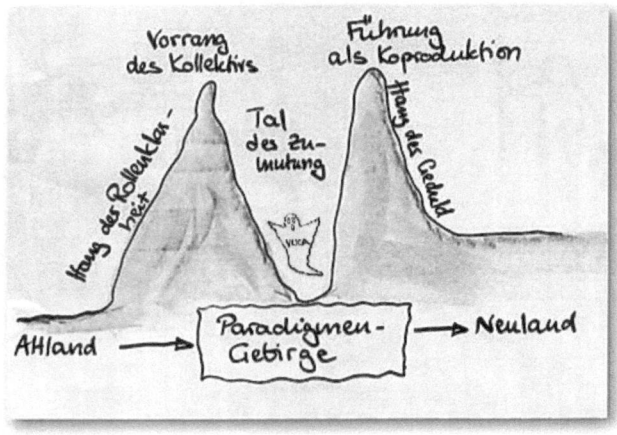

Der Bergführer und der Hirte beugten sich über die Karte. „Wir sind nun also im Tal der Zumutung und müssen weiter über das Paradigmengebirge. Einen schwierigen Gipfel müssen wir noch überwinden", murmelte der Sepp, mehr zu sich selbst gesprochen. Da fragte der Hirte: „Sag mal, Sepp, warum nennen die Menschen dieses Tal eigentlich das Tal der Zumutung? Wir alle finden das doch gar nicht so schlimm." – „Das kommt so", antwortete der Bergführer, „allen Menschen im Tal wiederfährt das gleiche, allen ist bereits das Gespenst VUCA begegnet, das immer wieder versucht, Schrecken und Angst zu verbreiten. Für alle ist das neuartig und herausfordernd. Manche haben Fähigkeiten erworben, damit souverän und kreativ umzugehen, andere geraten etwas aus

dem Takt. Du konntest solche Menschen bereits beobachten, sie sind uns als besonders ulkig aufgefallen und andere machen ihre Geschäfte damit. Ob das, was wir hier vorfinden und was uns geboten wird, als Zumutung empfinden oder nicht, das hängt allein von uns ab."

Nach einer Weile fügte der Sepp hinzu: „Ich denke wohl, zu der Zeit, als wir uns das erste Mal begegnet sind, hättest du diese Erlebnisse hier auch als Zumutung empfunden und hättest einen Rosmarinzweig zum Vertreiben böser Geister an deinen Schäferkarren genagelt." Zustimmend schwieg der Hirte zu diesen Worten.

So sprach der Sepp weiter: „Das Wort Zumutung habe ich ganz am Anfang unserer Reise gehört. Franzi hat es empört gerufen, als du von jedem Schaf mehr Eigenverantwortung eingefordert hast. Das war der Beginn des steinigen und anstrengenden Weges auf den ersten Gipfel, der ‚Vorrang des Kollektivs' genannt wird.

Ihr alle, besonders auch Pius, der Hütehund, habt um diese Zumutungen gerungen, bis auf einmal in der Herde neuartige Qualitäten im Miteinander entstanden sind, die es euch erlaubt haben, den Gipfel zu überwinden. Es herrscht eine ganz andere Klarheit über Rollen und Verantwortungen bei Euch als zuvor, als ihr noch im alten Land ward. Und ihr habt eine andere Frustrations- und Ambiguitätstoleranz. Du hast beispielsweise Frust zugelassen, ohne ihn den Schafen auszureden oder die Situation schönzureden. Andererseits hast du nie erlaubt, dass Frust eine Erlaubnis für Minderleistung war. Da hat die Herde ganz unbewusst etwas gelernt,

was sie robuster sein lässt. Deshalb wandert ihr eher belustigt als verängstigt durch dieses Tal und auch das schreckliche Gespenst VUCA hat euch nicht sonderlich beeindrucken können."

„Du denkst also", erwiderte der Hirte, „die Herausforderungen und die persönliche Bezugnahme und Betroffenheit dabei, die der weise Ion „emotionale Labilisierung" nennt, hat uns zu Fähigkeiten verholfen, mit neuartigen, überraschenden, mehrdeutigen, zieloffenen Situationen anders, selbstorganisierter, kreativer, umzugehen? Und deshalb sehen wir vieles im Tal der Zumutung gelassener, können agieren, statt nur zu reagieren?" – „Genau so!" bestätigte der Bergführer knapp, „jeder für sich und auch gemeinsam als Team".

Schweigend beugten sie sich wieder über die alte handgemalte Karte, um einen guten Weg für die Weiterreise zu finden.

22. Der Motivationszirkus

Die Herde hatte das Tal durchquert. Nun stieg der Weg wieder an zum zweiten Gipfel im Paradigmengebirge. Noch ging es auf breiten Wegen zügig voran, die Weiden waren saftig und frisches, herrliches Wasser gab es im Überfluss.

In einem der ersten Bergdörfer, durch die sie zogen,  gastierte ein Wanderzirkus. Der Direktor persönlich, ein gewisser Phineas, begrüßte sie und lud mit seltsamen Worten in einer fremden Sprache zur Vorstellung ein: „a little something for everybody". Sein Gehilfe Bertram fügte hinzu, sie würden wundersame Dinge sehen. Der Hirte wollte weiterziehen, doch die Schafe bettelten darum, die Show sehen zu dürfen. Gut  gelaunt gab der Hirte nach und handelte mit Phineas den Preis von drei Pfund guter Schurwolle aus. Die Schafe drängelten zum Eingang, nur der Hirte, der Bergführer und der Hütehund blieben zurück, sie wollten den Zirkus nicht besuchen.

So schlenderten die drei über den Vorplatz, auf dem Händler ihre Kuriositäten feilboten. Da gab es den Stand von „Schrödingers Katzenbedarf seit 1935, spezialisiert auf besondere Käfige". Dort arbeitete das fröhlich tanzende Mädchen, dem sie unterwegs schon begegnet waren und das sich immer wieder mit einem „Plopp" in

ein altes Kräuterweiblein verwandelte. Das sprach." Wie ich annehme, hast du die Lektion gelernt, fremder Hirte, das Eine vom Anderen zu unterscheiden" und – „Plopp" – tanzte das Mädchen davon und löste sich in Nebel auf.

Außer einigen ehrbaren Teppichhändlern gab es etliche Scharlatane, die ihr Zeug anpriesen. Da gab es einen Alchemisten, der kleine Kügelchen in Flaschen anbot. Das sei Motivation in Hochpotenz, behauptete er. Motivation sei eine Droge, die man Mitarbeitenden verabreicht, auf dass diese Führungsfehler vergessen.

Andere priesen ihre Vorlesebücher an. Sie wollten die Vorbeigehenden überzeugen, dass echte Motivation nur durch Schönreden, Umdeuten und Verschweigen möglich sei und ihre Bücher dazu viel Stoff böten.

Wieder andere präsentierten seltsame Maschinen, die nach Einwurf von etwas Geld Motivation ausgeben sollten, welche besonders geeignet sei, wenn Mitarbeitende lustlos oder unvollständig arbeiteten.

 Dann gab es Händler, die wehende Fahnen und brennende Fackeln im Angebot hatten. Seien alle Mitarbeitenden damit ausgestattet und durch zündende Reden angefeuert, gäbe es nie enden wollende Motivation.

Ein zwielichtiger Hehler bot rosa Brillen zu Motivationszwecken an, die verdächtig danach aussahen, als seien sie im Brillenladen des weisen Ion gestohlen worden.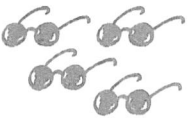

 Etwas weiter auf dem Nutztiermarkt bestand ein Händler darauf, sein Futter verhelfe dazu, dass Hühner hochmotiviert goldene Eier legen würden, ein anderer versprach, nach seinen Seminaren würden Schafe ohne nachzudenken selig lächelnd durch brennende Reifen springen.

„Interessant, was hier alles angeboten wird, offenbar gibt es genug Käufer für solchen Tand und ausreichend Leichtgläubige, mit denen man gute Geschäfte machen kann", schmunzelte der Hütehund Pius.

„Also mich erinnern diese hilflosen Motivationsversuche an Abende, an denen ich sehr viel, oder besser zu viel Bier getrunken habe", fügte der Bergführer Sepp polternd hinzu. „Am Abend selbst ist das wunderbar, nach der dritten Maß Bier gehört dir die Welt und du liebst alle Menschen. Nur am nächsten Tag kommt die Ernüchterung und ein Kater kann schrecklich im Kopf wüten, ich kenne mich da aus. Motivation ist doch kein Konsumgut wie Bier. Die verkaufen hier doch nur den kurzandauernden, schnellen Rausch oder verwechseln Motivation mit Manipulation oder Verarschung – bitte entschuldigt das Wort."

Der Hirte grinste: „Nein, nein, sprich es nur deutlich aus, das ist so. Manche glauben eben an Zauberer oder Magie, wenn es um Motivation geht und sind bitter enttäuscht oder gar böse, wenn man das entmystifiziert. Mir scheint manchmal, je weniger Führungskräfte in der Lage sind, bei Minderleistung mal Klartext zu sprechen oder überhaupt vernünftig zu führen, je weniger sie ihren Trostreflex beherrschen, desto lauter rufen sie nach dem Allheilmittel Motivation, ohne dabei genau zu wissen, was das eigentlich ist. Und weil sie das Zaubermittel nicht finden, weiten sie ihren Toleranzbereich ständig aus und sagen nichts, in der Hoffnung, es werde von allein wieder besser. Dabei wird es dadurch nur noch schlimmer, denn Schweigen bedeutet Zustimmung und das Prinzip Hoffnung ist kein Führungsgrundsatz".

Pius, der Hütehund rief: „Seht, da kommen unsere Schafe, die Vorstellung scheint zu Ende zu sein. Lasst uns weiterziehen!" Im Stillen dachte er bei sich: „recht haben die beiden. Komisch auch, dass wir uns im Gegensatz zu früher nie Gedanken um Motivation machen oder davon sprechen und trotzdem sind alle Schafe gut drauf. Aber es wäre wirklich höchst amüsant, Sophie und Franzi verklärt lächelnd durch einen brennenden Reifen springen zu sehen…."

Sie machten sich auf den Weg. Sophie gesellte sich zu Franzi und sagte: „Weißt du, die größte Zumutung für mich in diesem Tal war die Oberflächlichkeit der Menschen. Die meisten waren so abgelenkt vom Gespenst VUCA und ihrer Suche nach dem Glück, dass man gar keine richtige Beziehung aufbauen konnte. Das stimmt mich traurig. Ich bin froh, wenn wir in den Bergen wieder unter uns sind." – „Stimmt", antwortete Franzi, „in all dem Tohuwabohu konnte man überhaupt nicht richtig nachdenken. Da geht jede Orientierung verloren. Wobei es für diese Planlosigkeit sicher schlüssige Erklärungen gibt."

Angeregt schwatzend setzte die Herde ihren Marsch fort.

23. Die gläserne Brücke

Der Weg wurde wieder steiler und beschwerlicher.

Die Herde zog über Anhöhen und vorbei an steilen Felswänden. Eine tiefe Schlucht versperrte den Weg, kein Mensch und erst recht kein Schaf konnte sie überwinden. Die schroffen Wände fielen tief ab, kaum konnte man den Grund erkennen. Der Sepp erklärte die Situation: „Das ist die Empathie-Schlucht, manche nennen sie auch das Tal der Tränen. Es gibt nur zwei Möglichkeiten, sie zu überwinden. Entweder klettern wir hier hinab und auf der anderen Seite wieder hinauf, oder wir benutzen die gläserne Brücke, die etwas weiter aufwärts liegt.

Einige Schafe waren nicht schwindelfrei und hatten Höhenangst, also stand der Entschluss fest, über die gläserne Brücke zu gehen. Als sie dort ankamen, war die Brücke zunächst kaum zu erkennen. Erst aus der Nähe betrachtet stellte sie sich als stabile Konstruktion heraus, die die Schlucht überspannte.

Mit sicherem Schritt betrat der Bergführer die Brücke, er kannte solche Übergänge. Der Rest der Herde folgte nur zögerlich. Obwohl die Brücke stabil war und hohe Geländer hatte, machten die Schafe vorsichtig einen

Schritt nach dem anderen. Wenn sie wollten, konnten sie durch den gläsernen Boden in den Abgrund blicken, waren aber dankbar, es nicht unbedingt tun zu müssen. Zitternd und etwas benommen kamen sie auf der gegenüberliegenden Seite der Empathie-Schlucht an. Sie waren sichtlich erleichtert und froh, diesen Weg genommen zu haben, statt in die Schlucht abzusteigen. In sicherem Abstand von der Abbruchkante gönnte der Sepp der Herde eine Verschnaufpause.

„Warum hat man hier überhaupt eine Brücke errichtet und warum ist sie aus Glas?" wollte Franzi wissen. „Nun", hub der Bergführer an, „mancher Vorbeireisende hat Höhenangst, so wie auch einige von euch. Das

darf man nicht verurteilen, denn das ist eine ganz natürliche Schutzfunktion. Niemand hat absichtlich Höhenangst. Dieser Schutz sorgt dafür, sich vor gefährlichen Situationen in Acht zu nehmen oder sie tunlichst zu vermeiden. Ich will mir nicht ausmalen, was in euch vorgegangen wäre und wo wir jetzt stünden, wenn der Abstieg der einzige Weg gewesen wäre. Deshalb ist es gut, dass kluge Menschen diese Brücke errichtet haben und wir uns entscheiden konnten, welchen Weg wir nehmen."

„Klar", sprach Pius, „aber warum aus Glas?" – „Das ist symbolisch gemeint", führ der Sepp in seiner Erklärung fort, „es soll zeigen, dass so wichtige Schutzfunktionen wie Höhenangst nicht  tabuisiert werden dürfen. Wenn man will, kann man durch den Glasboden nach unten blicken und ist dabei an die Schutzfunktion erinnert. Wenn man das lieber nicht will, so blickt man einfach woanders hin".

„Ach!", rief Sophie, die in gewaltfreier Kommunikation ausgebildet war, „nun ist mir auch klar, warum die Schlucht nach der Empathie benannt ist. Manche glauben, dass Empathie immer damit zusammenhängt, in die Tiefen der Gefühle und Bedürfnisse hinabzusteigen. So etwa: los, sag schon, was du hast, vertraust mir wohl nicht...  Dabei wird dann gern die Schutzfunktion beim anderen übersehen, der das vielleicht gar nicht will. Übertrieben gesagt – und das erklärt auch den Namen Tal der Tränen – glauben manche, Empathie sei dann besonders gut, wenn alle heftig geheult haben. Zum Glück gibt es neben dieser ‚semantischen Empathie' auch die Form der ‚syntaktischen Empathie', für die die gläserne Brücke ein hervorragendes Bild ist. Wie bei uns eben. Weder der Sepp noch der Hirte haben uns gedrängt, unbedingt in die Schlucht abzusteigen. So nach dem Motto: Es gibt etwas, was dir den Übergang über die Schlucht schwer macht, ich werde das respektieren, ohne dass ich genau wissen will oder wissen muss, was es exakt ist. Sie haben unsere Höhenangst einfach anerkannt und auch keine peinlichen Versuche unternommen, uns irgendwie zu manipulieren." Fast schon schwärmerisch fügte sie zufrieden seufzend hinzu: „Klasse! Schön, dass wir das erleben durften!"

24. Am Fischteich

Auf ihrer Reise gelangte die Herde an einen Fischteich, in dem ein riesiger Fischschwarm mit seinen wogenden  Bewegungen ein gigantisches Schauspiel bot. Sie konnten sich kaum sattsehen. Der Hütehund betrachtete die nicht enden wollenden Darbietungen durch die Kompetenzbrille, die er einmal wieder aufgesetzt hatte. „Sag, Pius, was siehst du?" fragten die Schafe neugierig. Da erklärte der Hütehund: „Bei diesem Fischschwarm können wir das Phänomen der Selbstorganisation studieren. Der Schwarm zeigt als Ganzes ein beobachtbares Verhalten, welches aus dem Einzelverhalten jedes Fisches entsteht und neue Qualitäten zeigt, die aus dem Einzelverhalten der Fische allein nicht erklärt werden können. Nur als Schwarm sind die Fische in der Lage, uns dieses faszinierende Schauspiel zu bieten." Die Schafe waren beeindruckt, was Pius alles wusste.

Dieser fuhr fort: „Ein direkter Vergleich von Unternehmen und Fischschwärmen hinkt jedoch. Die Schwarmintelligenz der Fische ist eine Variante von Selbstorganisation. Diese unterscheidet sich von der Zusammenarbeit im Unternehmen, einer anderen Form von Selbstorganisation. Im Gegensatz zu Fischen besitzen wir

Bewusstsein, Autonomie sowie Reflexions- und Entscheidungsfähigkeit." Die Bewunderung der Schafe für Pius stieg noch mehr an.

Geschmeichelt fuhr der Hütehund fort: „Die Systemgrenze wird bei Unternehmen gemanagt, beim Fischschwarm nicht. Ferner ist der Schwarm für den Fisch der alternativlose und einzige Lebensraum. Fische haben kein Leben nach Feierabend. Eine Arbeitsstelle ist nicht alternativlos, man kann das Unternehmen wechseln…" dabei dachte er daran, wie er damals fast umgekehrt wäre. Versonnen fuhr er fort „… sie ist nur teilweise und temporär unser Lebensraum".

Er hielt inne. Ihm fiel bei seinen Worten ein, wie unpassend es war, alle Beteiligten auf ihre Rollen als Hirte, Hütehund oder Schafe zu reduzieren. Spätestens, seit er den Unterschied zu einem Fischschwarm ausgesprochen hatte, war das höchst unangemessen. Und so trat

etwas, das ihnen die ganze Zeit den Blick aufeinander verstellt hatte, zur Seite und alles war damit auf wundersame Weise anders: Sie konnten sich als Ganzes sehen, als einzigartige Individuen und als Inhaber verschiedener Rollen zugleich.

Schweigen breitete sich aus und nach einer Weile sprach der Hirte, sein Name war übrigens Rupert, in die Stille: „Nun endlich ist etwas, das schon lange Zeit da war, aufgetaucht und sichtbar geworden und hat die Herde zum Team gemacht".

Still wanderte das Team weiter, jeder in seinen Gedanken und doch auch bei den anderen. Die Wiedereinführung des Individuums in das Team beschäftigte alle.

25. Der einsame Pinguin

Die Reisenden hatten die Baumgrenze weit hinter sich gelassen und befanden sich im unwirtlichen Hochgebirge. Unvermittelt stießen sie auf einen Gletscher. Die Luft war unangenehm kalt und alle wollten schnell weiterziehen, als ihnen ein kleiner Pinguin entgegenwatschelte. „Hi peoples",  begrüßte er sie lässig, „ich bin der Pinguin Luc und ich chill' hier einsam auf'm Gletscha. Is voll easy und fast wie auf'm Eisberg, Alter." Die Gruppe war ebenso verwundert wie belustigt. Was wollte der drollige Kerl ihnen sagen?

„Wenn's ma üba Wassa nich flutscht, dann müsst'a halt ma tauchen" brabbelte der Pinguin und watschelte davon. „Was war denn das?", rief Franzi, doch keiner aus der Gruppe konnte den Auftritt von Luc irgendwie einordnen.

Nach einer Weile sprach Sophie: „Das erinnert mich an den guten alten Paul aus dem östlichen Land, der hat mit einmal was erzählt". Gespannt lauschten die anderen, und so dozierte Sophie: „Paul hat mir vom Eisberg-

Modell erzählt, von Kopf und Verstand und von Bauch und Gefühlen. Das eine ist symbolisch über Wasser, das andere darunter. Das könnte zu dem passen, was Luc zu uns gesagt hat. In unserem Miteinander spielen Gefühle stets eine Rolle und man kann sie nicht verbieten, auch wenn wir es immer wieder probieren. Das weiß eigentlich jeder und trotzdem versuchen wir es mit so Sätzen wie ‚jetzt bleib doch mal sachlich' oder ‚da musst du dich jetzt gar nicht ärgern' oder ‚jetzt lach doch mal und schau etwas freundlicher'. Das ist höchst unempathisch und verstärkt meist noch die aktuellen Gefühle. Besser als Gefühle zu tabuisieren ist, damit einen guten Umgang zu finden. Wie der Pinguin müssen wir manchmal, wenn es über Wasser, in der Sache, nicht weitergeht, einen kleinen Tauchgang unter Wasser, in die Gefühlswelt, machen. Wenn wir dann wieder auftauchen, geht es oben oft wieder besser weiter."

„Ach", rief Franzi, „das hört sich doch ein wenig nach Gefühlsduselei oder Therapieversuchen an!" – „Ich glaube nicht", warf Rupert in die Diskussion ein, „für mich ist es nicht therapieverdächtig, wenn du zum Beispiel jemanden fragst, ob sie trotz eines heftigen Gefühls weiterarbeiten kann, statt sinngemäß zu sagen ‚vergiss dein

Gefühl, das stört uns nur'. Ich denke, in der Regel reichen kurze Tauchgänge des Pinguins aus, oft nicht mehr als ein halber bis zwei Sätze. Es geht hauptsächlich darum, das, was ohnehin anwesend ist, zu erwähnen und damit da sein zu lassen, statt es zu tabuisieren. Auch das gehört dazu, wie wir als einzigartige Individuen, die auch ihre Gefühle haben, unsere Rollen realisieren, bei denen es um Ergebnisse geht."

26. Der zweite Gipfel

Durch ihre Erlebnisse gestärkt erklommen sie den zweiten Gipfel des Paradigmengebirges. Auch wenn es noch einmal richtig anstrengend war, ging es doch leichter, als beim ersten Gipfel. Außer Atem kamen sie oben an und genossen die gute Aussicht. Wieder erinnerten sie sich gegenseitig an Erlebnisse auf der Reise und scherzten ausgelassen.

Führungsfrage:
Wie führe ich so, dass andere mir gut folgen können?

Sie bemerkten in ihrem Frohsinn kaum die beiden Schilder, die kurz unterhalb des Gipfels standen. Was darauf stand, war ohnehin ziemlich geläufig für sie. Ebenso kannten sie den Unterschied zwischen aktivem Folgen du passivem Geführtwerden.

Folgefrage:
Wie folge ich so, dass andere mich gut führen können?

Der Sepp räusperte sich und sprach zum Team: „Leute, nun ist es an der Zeit, dass ich mich entbehrlich mache,

wie es meine Aufgabe ist. Ich bin gern mit Euch gegangen, nun aber werde ich umkehren. Vielleicht bleibe ich etwas bei der Sennerin Lisa oder kehre in meine Hütte zurück. Wer weiß...

Ihr aber werdet allein in das neue Land wandern. Ich bin überzeugt, dass ihr das gut hinbekommt, denn jede von euch hat ihre Stärken. Du, Pius, hast eine feine Witterung, eine wirklich gut reflektierte Intuition. Sophie, dir gelingt es immer wieder, das Team zusammenzuhalten, gerade auch in schwierigen zwischenmenschlichen Situationen. Rupert, über deine Art zu führen muss ich nichts mehr sagen. Und Franzi, deine Fähigkeit zur glasklaren Analyse und zu wirklich sorgfältigen Plänen hat uns oft schon geholfen. Ihr schafft das, einen guten Weg noch und viel Glück im neuen Land!"

„Moment!", rief Pius und nahm die Kompetenzbrille ab, die er auf der Reise so oft getragen hatte. „Bitte, Sepp, bringe diese Brille dem weisen Ion zurück. Sie war sehr hilfreich und hat mir in mancherlei Hinsicht die Augen geöffnet und den Blick geschärft. Nun komme ich ohne sie zurecht und erkenne auch so das Wesentliche. Sicher gibt es andere, denen der weise Ion die Brille geben kann und die sie auch gut gebrauchen können."

Sie fielen sich in die Arme und der treue Bergführer Sepp machte sich auf seinen Weg.

27. Im neuen Land

Vom hohen Gipfel bis in das neue Land war es noch ein langer, steiler Weg. Alle im Team wurden immer ungeduldiger, sie wollten nun endlich ankommen. Doch der ausgedehnte Marsch hatte auch sein Gutes: Das Team brauchte die Zeit, sich an das neue Miteinander zu gewöhnen und gelegentlich mussten Rupert oder Pius sie freundlich und behutsam darauf hinweisen. Ein Lernprozess eben.

Auf dem Weg trafen sie auch wieder Menschen und  Feuerwehrleute. Die sprachen jedoch anders: „Wenn es brennt, dann ist es gut, eine klare hierarchische Führung zu haben. In vielen anderen Situationen bei unserem Feuerwehrdienst wäre es dagegen hinderlich. Da ist es besser, dass wir andere Formen des Führens und Folgens verinnerlicht haben." Das veranlasste Pius zu der Bemerkung „Führung ist Haltung, nicht Technik".

Sie erreichten die fruchtbare Ebene. Frische, würzige Weiden und klare Quellen gab es weit und breit. An einem besonders schönen Platz ließ Rupert das Team

anhalten und sprach: „Nun sind wir also im neuen Land angekommen, das beileibe kein gelobtes Land ist. Was wir erreicht haben, ist lediglich ein fortgeschrittener Möglichkeitsraum für unser Handeln. Wir bezeichnen ihn als ‚agil' und glauben, dort mehr Chancen zu haben als im alten Land. Das schützt uns vor nichts, am allerwenigsten vor uns selbst. Es wird eine andauernde Herausforderung bleiben, diesen Möglichkeitsraum durch unser Handeln aufrecht zu erhalten und zu nutzen. Wir behaupten nicht, dieser Möglichkeitsraum sei der einzige oder der beste. Jeder Mensch und jedes Team muss seinen eigenen guten Möglichkeitsraum finden. Das bleibt niemandem erspart, der proaktiv und kreativ agieren statt routineartig reagieren will. Der leben will, statt gelebt zu werden."

Buchreihe „Sicher führen und beraten"

In dieser Reihe sind erschienen:

Karl Kreuser 2017:
Behauptung einer normativen Führungsethik

Karl Kreuser 2018:
Der Hirtenkönig
Sicher führen in unsicheren Situationen

Karl Kreuser 2019:
Eine Theorie des agilen Unternehmens
Erklärung von Kollektiver Kompetenz

Karl Kreuser, Thomas Robrecht 2019:
Professionelle Beratung
Menschen und Unternehmen kompetent begleiten

Pius Hütehund 2020:
Führung ist Haltung, nicht Technik
Merkwürdiges und seltsames, um etwas sicherer zu führen

Thomas Robrecht 2020:
teamfixx® Praxisbuch
Flipcharts und Arbeitsaufträge

www.ingramcontent.com/pod-product-compliance
Lightning Source LLC
Chambersburg PA
CBHW031442210526
45464CB00005B/2296